教育漫话

[英] 洛克／著
郎悦洁／编译

武汉出版社
WUHAN PUBLISHING HOUSE

(鄂)新登字08号

图书在版编目(CIP)数据

教育漫话/(英)洛克著；郎悦洁编译. -- 武汉：武汉出版社，2014.3

ISBN 978-7-5430-8052-2

Ⅰ.①教… Ⅱ.①洛… ②郎… Ⅲ.①教育思想-英国-近代 Ⅳ.①G40-095.61

中国版本图书馆CIP数据核字(2013)第307612号

书名：教育漫话

著　　者：(英)洛克

编　　译：郎悦洁

责任编辑：王冠含

特约编辑：李婷婷

封面设计：上尚装帧设计

出　　版：武汉出版社

社　　址：武汉市江汉区新华路490号　邮　　编：430015

电　　话：(027)85606403　85600625

http://www.whcbs.com　E-mail：zbs@whcbs.com

印　　刷：北京市文林印务有限公司　经　　销：新华书店

开　　本：787mm×1092mm　1/16

印　　张：17　字　　数：215千字

版　　次：2014年3月第1版　2014年3月第1次印刷

定　　价：38.00元

译者前言

《教育漫话》是17世纪英国伟大的哲学家和启蒙思想家约翰·洛克所写的一部教育名著。这本书与洛克的其他著作一样，都是英美传统文化的瑰宝，它们深刻地影响了后世的学者，塑造了一代又一代普通人的思想，至今仍然是欧美乃至世界各国教育工作者和父母们的必读之书。

本书尊重原著，对作品进行了编译，力求让作者的观点原汁原味地呈现给读者。读者可以从中了解到关于孩子教育问题的各个方面，从阅读的角度来说还是比较全面的。从身体健康到心智教育，再到学业问题，都有所涉及。虽然由于时代的局限，有些内容还带有当时那个年代的印记，在现在看来有些不合时宜，不过从总体来说，并不妨碍读者了解作者的教育理念，进而指导自己的教育行为。

孩子的教育问题一直是广大家长朋友所关心的，无论任何时候，教育问题都是不容忽视的。对孩子从小进行良好的教育，不仅对孩子自身的成长有利，对社会的发展和进步也有着不容忽视的作用。但是到底该怎样进行教育，也是一个让人头疼的问题。很多家长重视给孩子物质的满足，却忽略了精神的培养。很多家长面对孩子的各种为自己所不满的行为时往往不知所措，而孩子也越来越不服管教。面对这种情况，家长也是需要有人为其指点迷津的。

鉴于这种情况，我们把经典的作品又重新进行了编译，展示到读者面前。虽然时下有关教育的书籍也为数不少，但这种经典的教育作品还是值得家长借鉴参考的。而且，前人流传下来的思想可以说都是精华，是经历了时代的检验而经久不衰的，是能让广大的家长朋友获益匪浅的。

本书分为上下两个篇章，按照作者原文的217个段落进行整理，从中添加了适合各部分的标题，为的是让读者能更清楚地了解该部分所讲述的内容。书中包括了家庭教育和学习教育两大类，具体到衣食住行以及性格培养、学业进步等各个方面。需要说明的是，原作在今天读来略显晦涩，所以在保留作品原汁原味的基础上，我们尽量将其用通俗的语言进行了表达，同时对一些人名地名进行了注解，以适合现代读者的阅读需求。当然，由于水平有限，不足之处在所难免，希望读者能批评指正。希望这本教育经典著作能够为家长朋友们所关注，如果能用其中的道理对孩子进行教育，并有所成效，那就再好不过了。

致奇普利[1]的爱德华·克拉克先生

《教育漫话》现在已经从国外传到了世界，这些本来是属于你的，因为它们是我在几年前因为你的缘故而写的，就是你在我的信中已经了解到的那些。除了次序和发给你的信的时间不一致，其他很少变动。在几个地方读者会很容易发现我在风格上的随意，因而觉得这些漫话与其说是一篇为了公众的观点而构思的著述，不如说是两个朋友间的私人谈话。

有的人发表了作品，不敢说那是自己的意思，硬要说是朋友的普通解释。但你知道我要由衷地说，我的这些文章如果不是一些朋友们听说之后，极力要求要看，看了以后又把它们印出来，它们仍然会按照原意，隐秘而又静止地躺在那里。不过那些我很尊重他们看法的朋友们告诉我说，他们很相信我的话，说我的这部草稿如果能印出来也许会有些用处。这种说法触及了我一直存在的非常普遍的想法：因为我觉得，尽其所能为祖国服务，是每个人责无旁贷的义务。并且我认为谁要是没有这种想法，那就跟他家里的牲口没有什么区别了。这个问题是如此重要，而正确的教育方式又有着如此全面的益处，如果我发现我的能力能够和我的愿望相适应，我是不需要别人的督促和强求的。无论如何，就算这些文字很浅薄，我对此也正好有疑惑，但我不能因为它们的贡献太小而羞于把它们献给公众，顶多也只不过是略表心意而已。如果还有更多和我的朋友们怀有类似看法的人，也都觉得这些东西值得印出来，那么，我自己会很高兴，这些知识对每个人来说也就不会是无用的了。

① 奇普利：美国佛罗里达州下属的一座城市。

最近有很多人跟我商议，说不知道该怎样教育他们的孩子；近来又有一种很普遍的抱怨，说年轻人早早地就堕落了。有人针对这个问题，提供了一些意见，目的在于对其他人进行启发或给予纠正。我们不能认为他的行为是完全不恰当的。因为相对其他方面的错误来说，教育上的错误更不能纵容。教育上的错误就像一开始调配东西一样，第一次弄错了，绝不能第二次第三次再去补救，它们日后带来的无可补救的污点是整个一生都洗刷不掉的。

我在这里提到的一些东西，是远不能让我自负的。如果一个比我更令人满意的人更合适做这项工作，能写一篇适合我们英国绅士教育的文章，来指正我在这方面的错误，即使是为了你的缘故，我也不会觉得遗憾的。我只希望年轻的绅士能够用最好的办法得到最好的指导（这应该是每个人都渴望的），而自己在这方面的意见不一定要被接受。不管怎样，你也要为我作证，证明我在这里所建议的方法对一位绅士的孩子也曾有过一些不寻常的意外的影响。我并不是说这种影响对形成孩子的良好脾性没有多大的贡献，但是我认为你和做父母的人对此都是确信的。按照那种普通的管教孩子的方法，这种方法是不能改善他的性情的，不能让他热爱书本，不能让他愉快地沉浸在学问当中，不能像他现在所渴望的那样，使他在受到适合自身教育的同时还能不断受到更多的教育。

我的工作不是向你推荐这篇论文，因为我已经知道了你的观点，同时，也不想通过你的看法和支持把它推荐给世人。孩子们应该受到良好的教育，这是做父母的责任，是他们要关心的事，也是国家的幸福和繁荣要依靠的。所以我希望每个人都能认真地想想这个问题，要把空想、习俗或是在教育上的理智建议仔细地进行考察和辨别，然后伸出援助之手去提倡一种培养年轻人的方法。对于他们的某些情况，这种方法是最容易、最简洁、最恰当的能为他们不同的职业带来有德行、有用、能干的人才的方法，不过最应该注意的还是绅士的职业。因为绅士一旦通过受教育而走上正确的道路，所有其他人也会很快走上正轨了。

我不知道在这篇短短的论述里，除了表示我对教育问题的良好愿望以外，是不是还有一点像这样的贡献，如果在这里面还有一些东西值得人们去接受，那么他们都应该把感谢归功于你。我第一次体会到了对你的感情，并且我很高兴能把你我之间友谊的迹象留给后世。因为能和一位诚实的、有用的、杰出的热爱他的国家的人保持长期的友谊，这是我今生最大的快乐，也是我能够留在身后的最好的回忆。

你的最谦卑最忠实的仆人

约翰·洛克

1692年3月7日

目 录

上篇　孩子的家庭教育

第一部分

第二部分

第三部分

上篇　孩子的家庭教育

第一部分

拥有健康身体的重要性

1. 健全的心智寓于健康的身体，是对于人生幸福的一个简短而又充分的描述。凡是身体和心智都健全的人就不必再有什么别的奢望了。身体或心智如果有一方面不健全，那么即便得到了别的种种也是枉然。人们的幸福或苦难，大部分是自己造成的。心智不明的人做事情不能遵循正确的途径，身体衰弱的人即使有了正确的途径也无法取得进展。我承认，有些人生来就有聪慧的心灵和健康的身体而不用别人多少帮助，他们凭借天赋的才能，从很小的时候就能向着最好的境界去发展。凭借超人的体质，生来就能创造奇迹。但这样的人原本就很少。我敢说，在我们平常所见的人当中，之所以有好有坏，有用或无用，十有八九都是由他们所受的教育决定的。人与人之间所以有千差万别，都是出于教育的不同。在我们幼小的时候得到的印象，哪怕极其微小，小到几乎觉察不到，都会对一生产生长久而深远的影响。就像江河的源头，水性很柔，用一点点人力就能将其引向别处，使河流的方向发生根本的改变。从根源上这么引导一下，河流就有了不同的趋向，最后就流到十分遥远的地方去了。

2. 我认为，孩子们的心智很容易引导，就像水性容易引导一样，我们所要关心的主要也应当是内心。这虽然是教育的主要部分，但外在的躯壳也是不可忽视的。所以，我打算首先谈一谈身体的健康问题。大家知道由于我曾经专门研究过这个问题，都以为我对这个问题会有更深的研究，所以可能也早就料到了我会先谈这个问题。不过这个问题涉及的范围不大，大概很快就能谈完。

3. 我们要有自己的工作，要获得幸福，必须先有健康的身体。而要有所成就，出人头地，也必须要有强健的体魄。这些道理都很明显，不需要任何说明。

生活习惯对孩子健康的影响

4. 我现在所要讨论的健康问题，并不是说医生对于患病或身体不好的孩子应当怎么办，而是要讨论，父母对原本健康的至少是没病的孩子，在不借助于医药的情况下，应当怎样维护改善他们的身体，使他们更加健康。其实这个问题或许只要一条简短的规则就可以说清楚，那就是：绅士应该像最老实而又富足的农民那样去对待自己的子女。不过，母亲们可能会觉得这种做法有点过于严酷，而父亲们又可能觉得这太简单，所以我要详细地说明一下。在这里我只想说一个大家都能观察到的现象，希望女士们能仔细想想，那就是：大多数孩子的身体都由于娇生惯养而弄坏了，至少是因此受到了损害。

5. 第一件应当注意的事情是：无论夏天还是冬天，孩子们都不应穿得过暖或捂得太严。我们刚出生时，面部像身体的其他部分一样娇嫩。只是因为习惯了，就比其他部分更经得起风寒。从前有个雅典人看到斯基台人[①]哲学家在冰天雪地中赤身露体，觉得很奇怪。斯基台人的回答很是意味深长。他说："冬天气候寒冷，你的脸怎么就受得了呢？"雅典人说："我的脸已经习惯了。""那么，你就把我的身体当作脸好了。"斯基台人这样说。所以，只要我们的身体从一开始养成习惯，是什么都能经受得住的。

---

① 斯基台人：斯基台人属于伊朗族的塞人，自公元前1000年以来就居住在中亚细亚辽阔的草原上，过着游牧生活。

此外还有一个相反的，突出的例子。虽然这例子说的是酷热，与我们上面说的严寒正好相反。这是我最近在一本很有见地的游记上看到的，现在我把原文抄在下面。

“他说，马耳他[1]这个地方比欧洲任何地方都热，比罗马还热不说，而且闷得厉害，而且又没有什么凉风，所以让人更加难受。一般人都晒得很黑，像吉卜赛人一样。但是那儿的农民都不怕热，每天照样在太阳底下劳动，没有休息，在最热的时候也不去躲那灼人的阳光。这就让我们相信，只要从小养成了习惯，凭借天性，有许多看上去似乎是不可能的事情其实是完全可以适应的。马耳他人就是用这种办法来锻炼孩子们的，使他们不怕烈日。那儿的孩子从出生起一直到十来岁，全都一丝不挂，既不穿上衣，也不穿裤子，头上也没有什么东西遮盖。”

所以我要劝你，在英国这种气候条件下，对于风寒问题大可不必过分地操心。英国有些人无论冬夏都穿着同样的衣服，他们并没有感到什么不便，也不觉得比别人冷。就算做母亲的怕孩子受到霜雪侵害，做父亲的怕受人指责，对风雪的侵袭要加以考虑，也千万不要让孩子在冬天穿得过暖。还应当记住的是，孩子天生就有头发遮盖脑袋，又有一两岁的时光来经受锻炼，他在白天玩耍时固然可以不用戴帽子，那么晚上睡觉时最好也不戴。脑袋捂得暖和最容易引起头痛、伤风、黏膜炎和咳嗽等疾病。

6. 我提到孩子的时候都用“他”这个词来表示，是因为我这篇文章所谈的主要是男孩子的教育培养方法，对女孩儿的教育不见得完全适

① 马耳他：位于地中海中部的岛国，由地中海一些岛屿组成，有“地中海心脏”之称，是著名的休闲度假之地。

用。虽然，不同的性别需要不同的对待，并不是一件很难分清的事儿。

7. 我建议他应该每天用冷水洗脚，鞋子也应该做得薄一些，碰到水时水要透得进去。说到这里，我担心做主妇和女仆的都会反对。主妇们会觉得这样做太脏，女仆则会觉得这样袜子洗起来太麻烦。然而真理是说，孩子的健康要比这种种理由重要十倍。如果想一想，那些娇生惯养的人一旦脚上沾湿了便会发生种种有害的致命的麻烦，大家就会觉得，还不如跟穷人家的孩子一样光着脚长大的好。穷人家的孩子习惯了光脚，脚上习惯了沾水，弄湿了脚就像弄湿了手一样，不会因此而伤风感冒，也不会因此而引发别的疾病。现在有些人的手脚之所以形成如此大的差别，除了习惯之外还能找出别的什么原因呢？假如有一个人，从出生起就光着脚，而双手却始终用被荷兰人称之为手套的“手鞋”暖暖地包起来，那么我想，时间长了习惯了，一旦他的手沾湿了水，也一定会像很多人沾湿了脚那样发生麻烦。只有把他的鞋做得容易透进水去，同时天天不断地用冷水洗脚，才是预防的方法。洗脚有清洁的好处，当然很好，但我注重的是它健身的一面，所以并不想固定每天洗脚的时间。我知道有个孩子每天晚上洗脚，效果很好，在冬天很冷的时候也从没有间断过一晚。那时晚上水面上结了厚厚的一层冰，孩子还是把脚和腿浸到水里去洗，即便他当时年龄还小，连自己擦脚都不会，起初锻炼的时候还哭哭啼啼的，很是娇弱。这样做的目的是让孩子养成经常用冷水洗脚的习惯，免得像那些娇生惯养的人那样，脚部偶尔沾了一点水，就会出现许多问题。至于洗脚的时间定在晚上还是白天，我想可以由父母考虑决定，看什么时候方便就什么时候做。只要能有效地实行用冷水洗脚的办法，在什么时间洗我觉得没有多大关系。用这种办法所获得的健康，即使花费更大的代价也是值得的。此外，用冷水洗脚还有预防鸡眼的功效，这对某些人来说尤其是一件很有好处的事。不过，最开始锻炼时最好从春天开始，用温水进行，以后慢慢把水调冷，过不了多久就可以完全用冷水了。以后不分冬夏，都要坚持洗下去。因为我们在这件事情以及其他改变生活常规的事情上，都只能慢慢地不知不觉地改变，这样，我们的身体就可以适应一切，不会遭受痛苦和危险。

不难预料，对我这种说法，溺爱孩子的母亲会作出怎样的反应。这样来对待她们娇弱的宝宝，那不等于谋害他们吗？都是些什么话呀！在冰天雪地的日子里好不容易把脚弄暖和，却要孩子把脚放到冷水里去？让我举几个例子来消除她们的恐惧吧，否则她们是不会相信这个最明显的道理的。塞涅卡①在他的《道德书简》第53篇和第83篇里告诉我们，他自己在严寒的冬天也常常在冰冷的泉水中洗浴。塞涅卡的家境是很优越的，完全有条件洗温水澡（那时候他已经年纪大了），想要舒服一点也不为过，假如他不是觉得冷水浴不仅可以承受，而且还有益于健康，他是不会那么做的。如果我们觉得他这样刻苦忍耐是因为信奉斯多葛派②的原则，但就算是这样，可冷水浴为什么对他的健康有好处呢？因为他的身体并没有因这种严酷的习惯而受到损害。贺拉斯③不属于任何宗派，也跟斯多葛派的禁欲主义搭不上边，对于他我们还有什么话说呢？可是他也告诉我们，他在冬天里是一直洗冷水浴的。也许又会有人觉得，意大利的气候要比英国暖和得多，那儿的河水在冬天不像我们这里那么冷。如果说意大利的河水比这里的暖和，那么德国和波兰的河水要比这里的任何河流都冷得多，而德国和波兰的犹太人男男女女一年四季

① 塞涅卡：古罗马政治家、哲学家、悲剧作家、雄辩家、新斯多葛主义的代表。他在自然哲学、道德哲学和悲剧等方面都有不少著作，影响了后来的基督教思想家和近代的文学家及哲学家。

② 斯多葛派：或称斯多亚学派，也被译为斯多阿学派，是塞浦路斯岛人芝诺在公元前300年左右在雅典创立的学派；是希腊化时代一个影响极大的思想派别，被认为是自然法理论的真正奠基者。

③ 贺拉斯：古罗马诗人、批评家。早期创作是讽刺诗和性质与讽刺诗相近的长短句，后来从事抒情诗创作，自称“歌”，后人根据他的庄重的风格，称为“颂歌”。

都在河里洗浴，他们的健康也没有受到任何损害。谁也不觉得这是一个奇迹，也不认为这是圣威勒弗雷德井的神奇特性，使得那里面的冷水不会损害浴者的娇嫩身体。现在人人都知道，冷水浴能有效地帮助身体虚弱的人恢复健康，那么身体比较健康的人用冷水浴的办法来锻炼和增强体格，可见这并不是行不通的或受不住的了。

假如大家觉得这些成人的例子不适于儿童，觉得儿童的身体太娇弱，承受不了这样的锻炼，那就请看看古代的德国人和如今的爱尔兰人对儿童的做法吧。在他们那里，即使是大家认为最娇嫩的婴儿都用冷水洗，不仅用冷水洗脚，而且用冷水洗澡，也没有什么危险。现在在冬天，苏格兰高地的一些妇女也用这个办法锻炼她们的孩子，即使水面结了冰，也没发现冷水对孩子造成什么危害。

孩子应当养成运动的习惯

8. 孩子到了能够学习游泳的年龄，而且还有人教他的时候，就应该学习游泳，这一点我不用在这里再提起。游泳能够救很多人的性命，所以罗马人很看重游泳，把它和文化教育放在同等位置。他们有一句谚语，形容一个人没有受到良好的教育，没什么用时，就说他既不会读书写字，又不会游泳。会游泳不仅可以让一个人获得一种在他需要时可以有所帮助的技能，而且在炎热的夏季进行冷水泳，对健康会有很多好处，所以这一点我觉得不用再来提倡了。只是有一点要注意，就是当运动使人全身发热的时候或者血脉贲张的时候，不能下水游泳。

9. 还有一件对每个人的健康都大有好处、尤其是对儿童的健康有益的事情，那就是要多进行户外活动。即使在冬天，也应尽量少烤火。这样，不管冷热晴雨，他就都能忍受了。一个人的身体如果连这些都不能忍受，那对他的人生是没有什么帮助的。这种习惯要是等他长大成人再着手培养就太晚了，这种习惯要尽早养成，并且要逐渐地培养。只要尽早开始，身体就差不多没有什么事情是忍受不了的。假如我劝他到太阳底下或有风的地方去游戏，不戴帽子，恐怕他就受不了。他会找出很多理由来反对，其实无非就是怕晒而已。如果总是把小孩子放在阴凉的地方，不让他吹一点风、晒一点太阳，以免伤害他的肤色，这种办法也许能把他养成一个英俊的男子，但却不能把他教成一个有用的人才。而女孩子多注意一点容颜固然应该，但我敢说，户外活动对她们的面部并没有什么损害，户外活动越多，她们的身体就越健康强壮。她们在教育上越是多受到点类似于她的兄弟们那样的锻炼，在以后的人生当中所获得的幸福也就越多。

10. 我知道，户外游戏中有一件事情比较危险，那就是怕他到处乱跑，跑热了之后便坐在或躺在寒冷潮湿的地上。我承认这是危险的。还有当他们在劳动或运动得身体发热时如果喝了冷的饮料，那的确会让他们发烧得病，病得很严重甚至病死。不过在他年纪很小的时候要是随时有人照顾，这种危险就很容易避免。而到了儿童时代，只要时时严格管教，不准他坐在地上，不准他在发热的时候喝冷饮料，那么一旦形成这种克制的习惯之后，即使没有女仆或教师的照顾，他也能自己照料自己了。对于这种情况，我所想到的办法只有这个。因为随着年龄的增长，就应该慢慢地给他自由，许多事情他都应该靠自己的行动去应付，毕竟他不能永远被人监护，只有当你给他树立良好的原则和牢固的习惯，才是最好最可靠的，所以也是最应当注意的。因为一切告诫和规则，除非由于实践而形成习惯，否则无论怎样反复叮嘱也是不管用的。在这里是这样，在其他情况下也同样如此。

关于穿衣方面应当注意的事项

11.说到女孩子，我又想起了一件事。大家不要忘记，你女儿的衣服千万不能做得太紧，尤其是胸口那部分，要让其自然地按照它所认为的最好方式去形成体态。“自然”本身的作为比我们对它的指导要好得多，而且精确得多。假如儿女们在子宫里的时候妇女们就能按自己的想法去形成儿女的体形，就像儿女在生下之后经常竭力去修正他们自己的体形一样，那我们就根本生不出完美的儿童了，正如穿着紧紧的衣服、全身都受到束缚的儿童很少有优美的身材一样。我想，那些好管闲事的人（不用说那些无知的看护和制作紧身衣服的人）如果能想一想这个道理，那么对于自己并不懂得的事情应该就不会再去干预了。她们对儿童形体的形成并不懂，应该就不会再去排斥“自然”的力量了。不过我还是知道有很多孩子因为穿的衣服太紧而让自己受到了伤害，这不能不让我感到世上除了猴子以外，的确还有很多物种并不比猴子聪明多少，只是由于对自己的儿女无意识地过分溺爱和束缚，而把他们给害了。

12.穿紧身和窄小的衣服必然会导致胸部狭窄、呼吸短促、肺功能衰弱和身体佝偻，这种结果几乎经常可以见到。本想让孩子长个苗条的腰部、秀丽的身材，结果反而害了她们。因为身体各种器官所预备的养料“自然”几乎不能照着本来的意思去分配，那身体各部分的发育就自然不会和谐匀称。于是，养料便在身体上那些穿得不很紧的地方堆积起来，长成了高于寻常的肩背或者大于寻常的臀部，那又有什么可奇怪的呢？大家都知道，中国的妇女从小身体受到严格的束缚，（我想象不出这样做会有什么美感）使得她们的脚很小。不久前我见到了一双据说是中国成年妇女穿的小鞋，这鞋与我们这儿同龄女性的脚相比是多么的不成比例，连我们这儿的小女孩都穿不了。除此之外，据说那里的女性个子很矮，寿命也不长，然而那里的男人身材却和其他地区的差不多，寿命也不短。中国女性的这些特点在相当程度上要归咎于不合理的裹脚，因为血液的自由循环因此受到了阻碍，同时也损害了整个身体的成长和健康。

我们不是常常看到，有的人因为脚的某一部分被扭伤或打伤而使得整个腿部失去力量和营养，以致萎缩了吗？胸部是心脏的所在，是维系生命的中心，如果违背自然规律地给予压迫，阻止它的正当扩展，那么由此造成的巨大的麻烦，不是可想而知的吗？

孩子不可忽视的饮食习惯

13. 至于他的饮食，应该是清淡而简单的。在我看来，当孩子年龄还小，还要穿着童装的时候，至少在两三岁以前，应该禁止肉食。尽管这样做对他目前以及未来的健康会有好处，但做父母的恐怕因为自己养成了多吃肉食的习惯，很难赞同这种做法。他们会错误地从自己的角度出发来考虑孩子，认为一天至少要吃两次肉食，否则便会挨饿。可我确信，如果孩子不像现在这样被溺爱的母亲和无知的仆人把肚子填得满满的，并且在三四岁以前完全不吃肉食，那么他们年幼时因出牙带来的危险就会大大地减少，很多疾病也能因此而避免，健康强壮的体格也会从此打下坚实的基础。

如果我的小主人一定要吃点肉食，那一天也只能吃一次，并且每次只能吃一种肉。最好是吃清淡的牛肉、羊肉或小牛肉等，可用饥饿去诱发他的食欲，不需要用什么调味品。要格外注意的是，进餐时不论有没有别的食品，都要让他多吃面包。吃的东西无论怎么硬，都要让他细嚼慢咽。我们英国人在这方面往往不太注意，所以就产生了消化不良或者其他更严重的疾病。

14. 关于早餐和晚餐，我们英国人习惯吃的牛奶、奶羹、稀粥、燕麦粥以及其他各种食品，对于儿童都是适宜的，只是要注意一点，就是所有的这些食品都要清淡，不要多加调料，尽量少加糖，甚至是不加。尤其是各种辛辣的调料以及其他性热的佐料，都应当尽力避免食用。还有，他所食用的一切食物里都要少放盐，不要让他习惯于吃味道浓厚的肉食。我们喜欢品尝味浓的食品，都是习惯养成的。可是过多地用盐，不光会使人口渴、过多地饮水之外，还会对身体产生其他的害处。我觉得对小主人来说，最好的早餐就是一大块制作优良、烘烤合适的黑面包，有时候可以加点黄油或乳酪，有时候什么都不用加。我相信，这样的早餐不光卫生，还与精心烹制的食物一样有益健康，同样能使他身体强壮。而且只要吃惯了，他同样会很喜欢。如果他在两餐之间还想吃东西，那么只要让他习惯吃干面包就行。如果他真的饿了，干面包也就足够了，如果他并不饿，他就根本不应该吃。这样做有两个好处：第一，他习惯了吃面包，他就会爱吃面包。就像我说的那样，我们的口味和肠胃都是钟情于习惯吃的东西。第二，这样做还有一个好处，就是不会让他吃得比自然所需要的更多更频繁。每个人的胃口我认为并不是一样的。有些人生来胃口大，有些人生来胃口小。但我觉得许多爱吃东西的人都是出于习惯，而不是天生的胃口好。我知道有些国家的人一天只吃两顿饭，有些国家的人却像闹钟一样定时，每天要吃四五次，但前者的身体和后者相比，是一样的坚实强壮，并没什么逊色。罗马人即使每天吃一顿以上，也只有晚餐是固定的，他们通常都是等到晚上才吃饭。至于那些习惯吃早饭的人，他们吃饭的时间也不固定，有的在8点，有的在10点，还有的在12点甚至更晚，而且吃饭时，既没有肉，也没有事先准备好的食物。

奥古斯都是当时世界上一位伟大的君王，据他自己说，他也只是在兵车上随便吃一点干面包而已。塞涅卡在他的第83封信中描述了自己的生活状况。当时他虽然年龄已经很大了，生活舒适一些也无可厚非，但他每天的午餐也只是一块干面包，吃的时候连个坐下的仪式都没有。尽管他很富有，财产不比任何英国人少，假如健康需要他享用丰盛的食物，即使是吃双份，他也完全吃得起。

在这个世界上，不少伟大的人物都是吃这么一点有限的东西长大的，而罗马的年轻绅士也并没有因为每天只吃一顿而感到身体不强壮或是精神不饱满。他们就算偶尔觉得很饿，等不到每天唯一固定的晚餐时间，也不过是吃一点干面包，至多再加一点葡萄之类的小东西充饥而已。在他们看来，这种节制的习惯无论对于健康还是对于事业，都是十分必要的。所以，虽然后来东征胜利，获得了大量的财宝，使当时的社会风气一时流于奢靡，但他们每天一餐的习惯仍然保持不变。其中有些人放弃了粗茶淡饭，开始大吃大喝，但不到黄昏时候也是不开始的。他们觉得，每天吃了一顿饭还要再吃，简直是匪夷所思的事情，所以直到凯撒时代，如果有人在日落之前招待宾客或赴宴席，还是会遭到谴责的。因此，如果大家不认为这种做法过于刻薄，那么我觉得小主人的早餐最好也只吃面包。

习惯的力量是难以想象的，我以为，我们英国人的一大部分疾病就在于肉吃得太多而面包吃得太少。

15. 至于他的用餐时刻，我认为最好尽可能地不固定。如果他养成了在固定的时间进食的习惯，那么他的胃到了那个时候就会等着食物的到来，一旦等不到食物就会出现问题。或者是胃口亢奋以至于吃得过多，产生种种麻烦，或者是胃口不振以至于吃不下东西。所以我不主张三餐的时间太固定，我主张一日三餐每天的时间都要有些变化。如果他在这三顿饭之间还要吃东西，可以满足他，给他优质的干面包。如果有人觉得这样的饮食对儿童来说太刻薄，那么他们应该知道，一个孩子午餐有肉，晚餐有肉汤之类的东西，此外想吃东西的时候还可以随时得到上等的面包和啤酒，他是绝对不会挨饿的，也肯定不会因为营养不良而导致身体虚弱。所以我再三考虑之后，认为这不失为一个对儿童来说最好的办法。上午通常来说是读书学习的时间，吃得太饱则是一种不良的准备。干面包虽说营养丰富，但在吸引人的方面却不那么令人满意。凡是关心孩子身心健康的人，都不会让他在早晨就把肚子填得满满的，不会让他变得昏昏沉沉，不健康。大家也不要以为这种饮食方法不适合有财产、有身份的人。一个绅士，无论年龄大小，都应该这样养育，以便能随时拿得起武器，当一名士兵。一个人如果这样养育孩子，让他生来就只会仰仗留给自己的大量财富安逸度日，那么这种人不会借鉴榜样的力量，也看不清自己所处时代的需要。

16. 他的饮料只应当是淡啤酒，并且不要在两餐之间喝，而只能在吃完面包后再喝。我这么主张的理由如下：

17. 第一，当一个人身体燥热的时候，喝冷饮料比我所知道的其他事情都更容易引起发烧和积食。所以，他在很热的时候绝不能喝冷饮料。当他玩得又热又渴的时候，面包自然是难以下咽的，如果他只能在吃完面包后喝饮料，他就只有忍耐着不喝。而一旦先吃一大块面包，这样就能匀出时间来使啤酒的温度上升到与体温相等，这时再喝就没有害处了。如果他确实渴得厉害，那么就像这样等到啤酒热了时再喝，这时止渴的效果会更好。如果他等不及让啤酒热了再喝，那么不让他喝也不会有什么害处。而且，这样做能让他学会忍耐和克制，这是一个对身心健康大有好处的习惯。

第二部分

18. 第二，不先吃面包就不让他喝饮料的做法能防止他养成贪杯的习惯。对于友谊，贪杯可是一种危险的开端和准备。人们常常依照惯例，使自己养成一种习惯性的饥渴。如果你愿意试试，可以让一个已经在晚上断奶的婴儿重新养成在晚上必须吃奶的习惯，这样他不吃奶就会睡不着。看护们习惯用这种方法来止住婴儿的啼哭。我相信，母亲们一般都会发现，刚把孩子接回家的时候，要在晚上给孩子断奶可是个困难的事儿。但你应当相信，无论在白天还是在晚上，好喝东西都是个习惯问题。如果你愿意试试的话，你可以让一个人每时每刻都感到口渴。

有一次我住在别人家里，那家有个任性的孩子。为了让他安静下来，他一哭泣大人就给他喝东西，所以他一天到晚喝个不停。虽然他还不会说话，但每天24小时却比我喝得还多。你愿意的时候可以试试，无论是淡啤酒还是浓啤酒，都会让你喝得口干舌燥。在教育上应当注意的一件大事就是看你培养什么样的习惯，所以在这件事情上就和在其他所有的事情上一样，如果你不愿意让它继续下去，日益发展，你就不用使其成为习惯。喝饮料的界限在于解除真正的口渴，这对健康和自制都有好处。如果不吃咸肉，也不喝烈性饮料，那么在两餐之间是很少会感到口渴的，除非已经养成了爱喝的习惯。

19. 需要特别注意的是，不能让他接触果酒或者烈性的饮料。即使偶尔喝过，也绝对不能常喝。在英国，通常最爱给儿童喝的就是这种饮料，这也是对他们最有害的。无论是哪种烈性饮料，除非医生吩咐可用作兴奋剂，否则是坚决不能让他们喝的。即便是医生说的，也得特别小心身边的仆人，不能让他们超过剂量，否则就要进行严厉的惩罚。这类自私的人往往把大部分的快乐寄托在烈性饮料上面，他们总喜欢把这种最心爱的东西拿来讨取小主人的欢心。他们自己喝酒感到快乐，就愚蠢地认为小主人喝了也没有害处。这是你要特别小心注意，并且要竭尽全力去防止的一件事。孩子们一旦习惯了喝烈性饮料，尤其是私下与仆人一起喝，那对他们今后的身心会造成的损害，是没有什么能够比得上的。

20.水果问题是在健康问题上，尤其是在儿童的健康问题方面最难以解决的问题之一。我们的祖先为了它而不惜去冒失去乐园的危险，这就难怪我们的孩子即使要以健康为代价，也禁不住它的诱惑。应当如何对待水果，这不是任何一条一般的规则就能概括得了的。我不像有些人，认为水果对儿童的健康是完全无益的，因而不愿意让他们吃任何水果。这种严厉的做法只会让孩子们更加喜爱水果，他们会不分好坏，不管成熟与否，只要一遇到水果就乱吃一通。在我看来，西瓜、桃子、大部分种类的梅子和李子，以及英国出产的葡萄，儿童应当完全不吃，因为这些水果的味道非常可口，但其汁液却很不卫生，不利于健康。因此，可能的话，最好不要让他们看见这些水果，或者根本不让他们知道有这类东西。但是完全成熟了的草莓、樱桃、灯笼果和覆盆子，我认为对孩子没有什么害处，如果注意以下各点，还是可以放手让他们多吃一些的：

第一，不能像我们通常的做法那样在饭后吃，因为这时胃中已填满了其他食物。我认为水果应该在饭前或两餐之间吃，儿童还应当在早餐时吃水果。

第二，吃水果时要吃一点面包。

第三，水果一定要等完全成熟了才能吃。

这样吃水果，我想它们对健康不仅无害，而且会很有益。夏天出产的水果正适合于夏令时节，那时由于炎热，我们大都食欲不振，吃些水果则可以清热开胃。适量的上好水果可让儿童得到满足，所以在这一点上，我不愿像有些人对待自己的孩子那样那么严格。如果一点水果也不让他们接触到，一旦管得稍微松了些或是通过贿赂仆人得到了水果，恐怕他们会连果皮果核都吞个一干二净，吃得过量的。

还有苹果和梨，只要完全成熟了，采下之后又贮存了一段时间，我想也是可以随时吃的，没有什么害处。尤其是苹果，可以多吃一些。据我所知，十月份以后采摘的苹果是不会对身体有什么伤害的。

没有用糖渍过的干水果，我认为也是很卫生的，但是一切糖果蜜饯类的东西都应该尽量避免去吃。这类东西对制作者的害处更多还是对食用者的害处更多，很难说清楚。我所确信的是，吃糖果蜜饯是虚荣心所造成的最不合适的花钱方法。这些问题就留给太太们去作决定吧。

关于孩子的睡眠问题

21. 在所有各种柔和的事情当中，最能让孩子们充分享受的恐怕就是睡眠了，也只有睡眠能让孩子得到完全的满足，因为睡眠对儿童的成长和健康所起的作用没有什么能比得上。在这方面只有一点需要规定，那就是一天24小时当中哪一部分应当用来睡眠。这个问题不难解决。只要他们能养成早起的习惯，就是很好的。早起对健康很有益处，如果一个人从小就养成早起的习惯，而且一点也不觉得费劲，那么长大以后就不会把一生中最宝贵最有用的时光浪费在床上的昏睡中。孩子要养成早起的习惯，他就肯定得早睡，这样又可以让他养成那种不去参加不健康、不安全的放荡的夜生活的习惯。可以说，只要是按时作息的人，很少会因行为放荡而患上大的身心疾病。当然我的意思并不是说，你的孩子在长大成人之后也绝对不能在晚上8点以后去跟人交际，或者是不能在半夜时还跟人喝酒谈心。我只是说，你要尽量在他很小的时候就让他养成一种习惯，让他对那些不利于身心健康的活动没什么兴趣。早睡早起的习惯会让他对通宵不眠难以忍受，因此他就会尽量避免或者很少参加那些整宿的狂欢活动，这样做的好处可不能小看。如果这件事不能做得很彻底，那就一方面要考虑到时尚和社交，一方面还要让他在20岁以后也能像别人那样生活，那么在他20岁之前的那段时间，为了促进他的健康以及由此可以带来的其他各种好处，也有必要让他养成早睡早起的习惯。

虽然我说过，孩子们在小的时候应该让他们多睡，甚至是想睡多久就睡多久，但我的本意并不是说他们长大之后还能这么做，在床上昏昏沉沉地赖着不起床。不过，限制他们的睡眠时间，究竟应当从7岁还是10岁，或者是别的什么时候，却很难精确地做个规定，这应该考虑到他们的特质、体格和强壮的程度。不过，如果到了7岁与14岁之间还是过于贪睡的话，我想就可以开始准备把他们的睡眠时间逐渐减少到每天8小时左右了，因为对于健康的成年人来说，每天有8小时的睡眠通常就足够了。如果你已经尽到了本分，让孩子养成了每天早起的习惯，那么这种贪睡的毛病是很容易根除的。大多数孩子是因为晚上想和伙伴们一起玩耍而减少了睡眠的时间，如果没有人看护，他们很可能会在早上去补足晚上的睡眠，那是绝对不允许的。每天一早就得有人把他们叫醒，让他们起床。但叫醒他们的时候一定要小心点，千万不能太急，也不能大声地尖叫，不能弄出那种突如其来的巨大声响，因为这样做会让孩子受到惊吓，对他们的伤害很大。睡得正香的时候，突然被惊醒，不论是谁都会觉得烦躁不安的。把孩子从睡梦中叫醒的时候，声音要轻柔，动作要缓慢，让他们渐渐地醒来，然后再温声细语地招呼他们，直到他们彻底清醒并穿好了衣服，才能确定他们是真的醒了。如果强行把他们从睡梦中弄醒，那么不管你的动作怎么轻柔，都会让他们觉得痛苦。另外还要注意一点就是不要让他们有其他的不舒服，尤其是不能让他们受到惊吓。

22. 他睡的床应当硬一些，床上用品应当用棉絮类的而不要用羽绒的。睡硬床能让身体得到锻炼，而每天晚上被羽绒被褥包裹着则会损伤身体，导致虚弱和短命。结石病的起因通常就是因为睡觉时包得太暖和了。此外还有其他一些疾病以及成为疾病之源的身体虚弱，很大一部分原因也在于羽绒被褥。在家睡惯了硬床的人，在出去旅行时就不会因为床铺不软和或者枕头不合适而睡不着觉（旅行中，睡眠是最需要的）。所以，我建议他的床铺可以经常来点变化，有时让他的枕头垫得高一点，有时低一点，这样就算他以后在外面遇到床铺有些细微的变化，也不至于感觉出来，毕竟他不可能永远睡在家里的床上，有女仆每天给他铺好床铺，让他进入温柔之乡的。睡眠是“自然”赐予人的最好的甘露，失眠的人是痛苦的，这种甘露，一个人如果只能在母亲精致的金杯里而不能在木质的粗碗中饮到，将是十分不幸的。只要能够甜睡，就能饮到这种甘露。至于所睡的是柔软的床褥还是坚硬的铺板，那都不重要，唯一重要的就是睡眠。

保证孩子的正常排便

23. 另外还有一件对健康很有影响的事情，就是要按时大便。大便次数太多的人很少有敏锐的思想和强壮的身体。对此，可以从饮食和药物两方面去治疗。比起便秘，这种毛病医治起来要容易得多，所以在这里不用说得太多。如果病情严重，无论是因为来势凶猛还是因为持续时间太长，自然会去看医生，有时还会很早就去看医生。如果症状不严重或者持续时间不太长，那么一般来说最好的办法就是顺其自然。相反，便秘也有害处，但医治起来却要困难得多。吃泻药看起来能够通便，实际上则会让便秘更严重。

24. 对于便秘这种毛病，我认为更要特殊地加以研究，由于从书本上找不到医治的方法，我只有自己想办法动脑解决。我相信只要方法正确，步骤合理，即使我们的身体会产生比便秘更大的变化，也是可以解决的。

第一，我认为大便是由身体的某些运动造成的，尤其是胃肠蠕动的结果。

第二，我认为，有些不是完全自觉的动作，只要坚持不懈地在一定的时候努力去做，也是可以通过练习而成为习惯的。

第三，据我所知，有的人在晚饭后再抽一管烟，就一定会去大便，于是我怀疑，他们之所以得到这种“自然”带来的好处，恐怕主要是因为习惯的力量，而烟草所起的作用其实并不大。就算是烟草起的作用，那也是由于烟草刺激了肠道的激烈运动，而不是因为烟草具有通便的功能，否则的话它就还会产生其他的影响。

一旦有了这样的想法，认为大便可以养成习惯之后，接下来的事情就是要去想想，要采取怎样的途径和方法才最有可能达到这一目的。

第四，于是我就猜想，如果一个人在早晨起来第一次吃过东西之后马上向“自然”求助，让自己排便，那么只要坚持不断，早晚会养成早起排便的习惯。

25. 我之所以选择早餐之后这个时间，有下面几个理由：

第一，我一直认为，人只有在需要时并且想吃的时候，才应当吃他愿意吃的东西。因为早晨时候胃是空的，这时如果吃了他喜欢吃的东西，胃部就会产生强烈的收缩，把食物紧紧地包起来。我觉得这种收缩很可能会扩展到肠子，从而增强肠道的蠕动。正如我们所看到的在肠梗阻时，或肠道的任何一个部位如果发生了倒转的运动，便会影响到整个肠道，甚至连胃部也会出现不规则的运动。

第二，因为人的思想在吃东西时通常处于放松的状态，此时的精神不会考虑别的事情，因而会更多地集中到下腹，从而产生同样的效果。

第三，因为人一旦有时间吃东西，他也就有一定的空闲时间来向如厕女神克罗阿西娜[①]求助，以求得排便。而在其他的时间里则由于人事繁忙，就不太可能确定某一时间来作为排便之用，即使确定了也会不免中断。对身体健康的人来说，虽然吃东西的时间会有所变动，但每天至少也会进食一次，所以，每天排便的习惯仍然能够保持。

26. 根据这些理由，我们开始了实验，结果我发现，不论什么时候，也不管是否有便意，只要坚持在每天首次进餐之后就去厕所，努力让“自然”尽职尽责，从不间断，那么就会在几个月的时间里获得预期的成功，养成按时排便的习惯。除非是自己偶尔疏忽了，否则每天首次进

① 克罗阿西娜：古罗马人相信万物有灵，尘世的每一个领域都有神掌管。克罗阿西娜女神就是下水道和公共卫生的管理者，当下水道干涸或泛滥之时便有人去膜拜她。

食之后必然要去排便。因为无论是否需要，只要去了厕所，尽了本分，“自然”就一定会服从的。

27.因此我建议，孩子在每天吃过早餐之后，就应该马上让他坐在便桶上排便，要让他自己和女仆都相信，排便与进食都是可以由他自己支配的，而不要让他们持有相反的看法。要迫使孩子明白，只有在排便之后才能做游戏或者再次吃东西，至少要让他努力试试，这样我就坚信，他很快就会养成按时大便的习惯。我这么认为是有理由的，因为儿童在游戏时通常都是专注于其中，而对其他的事情并不留意，常常会忽略那些“自然动作”的轻微提醒，慢慢地就导致了习惯性的便秘。我说用这种方法可以防止便秘，可并不仅仅是一种猜测，因为我知道有个孩子在一段时间内坚持用了这一方法后，就养成了每天早餐之后按时大便的习惯。

28.成年人是否也愿意试一试这种方法，得让他们自己决定。不过我不能不说，因为便秘的害处的确不少，所以我觉得，没有什么能比大便通畅更有益于身体的健康。我认为，一天24小时内大便一次就足够了，我想也没有人会觉得这个次数太多。使用这种方法，就可以不用借助药物而实现大便顺畅。对于顽固的习惯性便秘患者来说，药物的治疗效果自然是很小的。

当孩子生病时该如何对待

29. 关于他健康的日常事务，我只有一个问题要打扰你们了。大家可能会对我有所期望，认为我会给出一些关于药物的指导来预防疾病。对于这种期望，我只有一点可说，希望大家能够认真地执行，那就是，一定不要为了预防疾病而给儿童服用任何药物。我想，如果能够遵守我的建议，那效果要比太太们给的饮食和药商们的药物好得多。大人们千万不能自作聪明，给孩子滥用药物，否则不仅不能预防疾病，反而会引起疾病。当孩子稍微有点不舒服时，不要动不动就给他吃药，为他请医生，尤其是万一请来的医生是个多事的人时，他会很快在病人的窗台上摆满药瓶，给病人的胃里塞满药品。其实，与其把孩子交给一个喜欢滥用药物的人，或是一个认为儿童的普通疾病只有用食物之外的东西才能治好的人，或者是相信类似方法的人，还不如让他顺其自然来得安全。因为理智和经验都告诉我，除非是到了万不得已的时候，儿童的娇嫩身体应该尽量少去摆布。有许多疾病，在刚开始时只需要一点点冷却的静置后的红罂粟水，一种真正的消食水，同时安静地休息，禁止肉食，就可以治好。如果用药太猛，反而有可能变成重病。假如这种温和的疗法作用不大，不能阻止它发展成真正的疾病，那时才应当去请一位头脑清醒、做事谨慎的医生。关于这一点，我希望大家能够爽快地认同。因为一个曾经耗费时间和精力研究过医药的人劝告你不要滥用药物，不要滥请医生，恐怕谁也没有借口去怀疑他。

健康问题小总结

30. 关于身体健康的问题我就谈到这里，总结起来可以归纳成下面几条简单易行的规则，那就是多呼吸新鲜空气，经常运动，保持充足的睡眠，饮食要清淡，不喝酒或烈性饮料，药物要少用或者不用，衣服不可穿得过暖过紧，尤其是头部和脚部要保持凉爽，脚要习惯与冷水接触。

关于孩子的精神健康

31. 在身体获得了应有的注意，保持健壮而有活力，能够服从并执行精神的命令之后，其次的一个主要问题就是怎样让精神保持正常，使它在一切场合都能举止得当，体现出一个理性动物的高尚和美德。

32. 我在本文一开始就说，人们的言谈举止和做事能力之所以千差万别，教育所起的作用要远胜过其他任何事物。如果这种说法的确像我所相信的那样完全正确，那么我们就有理由得出下面的主张：我们应对孩子精神方面的形成给以重视，而且应当及早开始，因为那会影响他们的一生一世。无论他们做事是好是坏，人们对此是赞扬还是责备，都和他们所受的教育紧密相连。当他们做错了什么事情时，人们便会说，那跟他们的教养有关。

33. 正如身体强健的标准主要在于能够吃苦耐劳，精神的强健标准也同样如此。一切德行和价值的重要原则和基础就在于，（虽然与欲望的倾向相反，但一个人也要能够克制自己的欲望。）能够不顾自己的爱好而纯粹遵从理性所认为的最好的指导。

让孩子从小养成良好的习惯

34. 在我看来，一般人在教养子女方面有个重大的错误，而且对这一点没有给予及时和充分的注意，那就是没有在孩子的精神最柔弱、最易于支配的时候使其遵从约束、服从理性。

出于自然的本能，做父母的都会很爱自己的子女，但如果这种自然的爱脱离了理性的严密监视，就很容易转变成溺爱。父母爱自己的子女原本是一种义务和责任，但他们却常常因此而放纵子女的过错。当然，做父母的可以说，对子女的行为最好别横加干涉，应当允许他们在各项事务中运用自己的意志。而且孩子的年纪还小，也做不出什么太过分的坏事，所以做父母的可以任由子女放纵自己的行为，觉得这没什么危险，甚至认为孩子的任性是很符合他们的纯真年龄的。但是，对一个溺爱子女、对子女的恶作剧视而不见，不去纠正，一味地原谅，说那是无关紧要的小事的父母，梭伦[1]的回答很精彩："不错，可是习惯却是一件大事啊。"

35. 被宠坏了的孩子定然能学会打人骂人，他想要的东西，哭着闹着也一定要得到，他想做的事情也一定会去做。由于父母在孩子幼小的时

① 梭伦：是古希腊最杰出的政治家之一，也是一位多才多艺的诗人、立法者，是古希腊七贤之一。

候就骄纵放任，把孩子的本性给败坏了，这就等于是他们自己污染了源泉，以后喝到了苦水，却又觉得奇怪。因为，当孩子长大以后，这些恶习也已经形成，而此时孩子已经长大，父母不能再把他们当作玩物了，于是就开始抱怨孩子太随心所欲，太不成器。这时做父母的才对孩子的任性感到愤怒，才为他们亲自给孩子养成的那些劣习所困扰。而此时，要想拔除他们亲手种下的杂草，恐怕已经为时太晚，因为这些杂草现在已是根深蒂固，不容易根除了。既然孩子在还穿着童装的时候，就习惯了目中无人，支配一切，现在长大了，穿上了短裤，仍然想要随心所欲，这又有什么可奇怪的呢？

毫无疑问，随着年龄的增长，孩子的毛病也表现得越来越明显，到那时就很少有做父母的对孩子的问题视而不见，也很少有做父母的会麻木不仁到连他们自己种下的恶果都察觉不到。孩子在不会说话和走路之前，就已经对女仆指手画脚了，刚刚牙牙学语，父母就开始受他的支配了。现在他长大了，比以前更强壮、更聪明了，为什么突然之间要受到束缚和管制呢？为什么在7岁、14岁或20岁的时候就要失去父母长期以来一直给予的大量的优待呢？你可以随便拿一只狗、一匹马或任何一个动物试试，看看它们在年幼时养成的坏脾气在长大之后是不是容易改变。而所有这些动物，它们的任性和骄傲，以及想要主宰自己和别人的欲望，哪赶得上人类的一半呢？

36. 我们对待动物的办法一般来说都很聪明。想要让其成为有用的动物或者能有某种用途，我们在它们很小的时候就会进行及时的训练。但唯有对自己的后代，我们却忽略了这一点，结果培养出了劣迹斑斑的孩子，却又愚蠢地希望他们成为善良之辈。因为，假如孩子想吃葡萄或是小糖果时，为了不让那可怜的孩子哭闹或者不高兴，大人就一定会满足他的要求。那为什么当他长大成人了，想要喝喝酒、玩弄一下女人，就不能如愿以偿呢？这些符合年龄较大的人的欲求，与小孩子哭泣所求的东西合乎儿童的欲求没有什么不同。不同年龄的人在不同阶段有着不同的欲望，这没什么不对，错误之处在于没有让这些欲望接受理性的规范和束缚。这里的区别不在于有没有欲望，而在于能不能控制和约束欲望。一个人如果在小时候不习惯让自己的意志去服从别人的理性，那么等到他能够自己运用理性的时候，也不会去听从。这样的孩子长大后会成为哪一种人，是不难预料的。

管教孩子的一般原则

37. 我们上面所提到的这些情况，就是那些表面上看起来最注重孩子教育的父母，也会经常忽略。如果我们想想一般人对于儿童的教育，想想他们那种为世人所指责的放荡不羁，那我们的确有理由怀疑，其中是否还留有一点德行的足迹。我很想知道，如果父母以及孩子周围的人没有在他们刚刚能够接受邪恶的时候就将邪恶带给他们，没有在孩子的身上播下邪恶的种子，那孩子会有什么邪恶？我在这里所说的不是他们给予孩子的榜样，也不是他们在孩子面前树立的表率，那顶多是一种鼓励。我所注意到的是他们直接把邪恶教给了孩子，实际上使孩子们偏离了道德的正路。当孩子还不会行走的时候，他们就对孩子灌输暴力、复仇以及残酷的观念。“给我一根棍子，好让我去打他。”是大多数孩子每天都能听到的一课。大家对此都不当一回事儿，因为孩子的手还不够有力，惹不出什么祸事。可是我要请问，这种教训难道不会败坏他们的精神吗？这难道不是让他们开始接触武力和暴行吗？如果他们在小时候就因教唆而学会打人伤人，并以别人受到自己的伤害为乐，那么当他们长大以后，自我感觉有了力量，能够自由行动，能够为了某种目的去打人的时候，他们就不会去打人吗？

我们之所以要穿衣服，目的本来是为了遮羞、保暖和保护身体，可是由于父母的愚蠢或无聊，非要让孩子认为穿衣服具有其他用处，结果使衣服被当成了虚荣和争胜的工具。他们教孩子去盼望一件新衣服，目的只是为了服饰华丽。当小女孩穿着新衣新帽，打扮一番后，她的母亲如果不赶紧叫她几声“小皇后”、“小公主”，让她沾沾自喜，那怎么能行呢？这样，小孩子衣服还不会穿，却已经学会夸耀自己的衣服了。父母在孩子这么小的时候就这样教导孩子，他们长大之后怎么会不继续炫耀裁缝为他们缝制的时髦外衣呢？

有的老师或为人父母的人，出于对自己有利的目的，常常会鼓励学生或孩子去撒谎、去含糊其辞，或者说那些与谎言差不多的搪塞的话。当年轻人发现，歪曲事实对他正直的老师有利，而且还会受到鼓励，那么，一旦这么做对自己有利的时候，难道他就不会效法吗？

低微的人由于家庭贫困，孩子就不能在饮食方面受到过多的诱惑，也不会放纵自己，不能吃喝得过多。不过一旦物质稍微宽裕了些，他们就会给孩子一种不好的榜样，让孩子明白他们平时之所以在吃喝方面有限制，并不是因为他们不喜欢大吃大喝，而是因为囊中羞涩的缘故。不过，如果我们观察一下那些家境殷实的家庭，就不难发现，吃喝在他们那里被当成了生活中的一件大事和幸福所在，如果吃东西时没有孩子的份儿，就会认为孩子受到了歧视。就算是吃饱了，他们大多也还会用羹汤、肉菜和各种精心烹制的食物来引诱自己的口味，然后借口怕肠胃负担太重，又得喝点酒来帮助消化。实际上，这么做只是增加了积食而已。

如果我的小主人有点不舒服，那么第一个问题就是“宝贝儿，想吃点什么？要我拿什么东西给你吃？”吃的喝的马上就会接二连三地拿来，大家一定会想方设法去搞些过分精美的食物来增进食欲。其实，在疾病刚开始的时候，病人食欲减退是“自然”在发挥调节作用，以此来防止病症的加重。那时肠胃如果不再有新的食物填充，它就可以积聚消化食物的能力，去战胜疾病。

有些孩子很幸福，他们的父母很明智，不会让孩子大吃大喝，而是安于粗茶淡饭，但他们的精神还是难免受到腐败风气的毒害。在明智的教导下，虽然他们的身体健康可能获得保障，但由于周围到处都是美食主义的蛊惑，他们的欲望很难不被影响。大家都在宣扬要“吃得好”，对于人的自然欲望来说，这肯定是一种有效的刺激，从而使人很快地喜欢上山珍海味。对此，每个人，甚至是那些反对邪恶的人，都会认为“吃得好”就是“生活得好”。社会形成了这种风气，再严肃、再理智又能有什么反对意见呢？社会上优秀的人士对此都大力支持，说它是一种奢侈，又有谁会去听呢？

大吃大喝这种美食主义现在已经流行成风，而且有那么多的拥护者，真不知道它会不会获得德行的美名。此时如果有人出来表示反对，不知道会不会被看成傻瓜，或者被认为是不懂人情世故。说老实话，我这么说是希望做父母的能明白，他们周围都有敌人，不仅有种种诱惑，还有各种邪恶的教唆分子，就算是他们认为安全的地方也是如此。所以，我在这里所说的这一切是希望可以在孩子的教育方面引起他们的注意和警惕，否则大家很可能会责备我说的是讽刺人的话了。

关于这个问题，我不想多说，至于人们费心费力来败坏孩子，向他们灌输不道德行为原则的各种细节，我更不想多费口舌。我只希望做父母的人能认真地想一想，孩子们在无形中受了哪些不道德的教育，做父母的如果是有责任心的，是否应该在孩子的教育方面给予不同的教导，这才是明智之举。

38.在我看来，有一件事是显而易见的，那就是一切德行与美善的原则在于：当欲望得不到理智的认同时，我们要具有克制理智所不允许的欲望的能力。这种能力的获得和改进要靠习惯，而要想熟练地发挥这种能力则要靠及早实践。如果大家相信我的话，我建议大家采取一种与常见的做法相反的办法，那就是让孩子从婴儿时期就开始克制自己的欲望，不要让这种欲望变成渴望。他们应当学会懂得的第一件事情就是，他们之所以得到了某个东西，不是因为这东西能让他们喜欢，而是因为适合他们获得。如果能给予他们所需要的东西，从来不要因为他们的哭泣和恳求而让他们得到，那么他们就能学会不无理取闹，就不会大声哭叫、纠缠不休地非得到所要的东西不可，也绝不会闹得鸡犬不宁，因为从一开始他们就没有被这样对待过。假如他们从来就没有因吵闹而使自己的欲望得到过满足，他们就不会哭着去要求什么，正如他们不会哭闹着去要天上的月亮一样。

39. 我的意思并不是说，孩子们在任何事情上都不能放纵，也不希望他们的言行举止像议员那样充满理性、循规蹈矩。我知道孩子就是孩子，应当得到温和的对待，应该做游戏，应该拥有玩具。我只是想说，孩子们想要得到的东西或者是想做什么事儿，如果不适合他们，就不该因为他们年龄还小而获得允许。无论他们怎么纠缠不休，也不能答应。而且就因为他们纠缠，所以就更不应该让他们得到。我见过有的孩子在吃饭时，无论餐桌上放了什么都不去要，只吃属于自己的一份就够了。而在别的地方，我看到有些孩子看见什么就哭闹着要什么，每份菜都要吃，还得先吃。是什么原因造成了两种孩子这么大的区别呢？原因就在于后者习惯了得到所要求的或哭着要求的东西，而前者则没有这种习惯。我认为，孩子的年龄越小，他们的任性就越要给予控制，少去满足。孩子越缺乏理性，管教者就越应当给他绝对的约束。所以我觉得，只有言语谨慎的人才能在孩子周围。如果社会上通行的做法与此相反，我也无可奈何。我所说的是我认为的值得奉行的做法，假如这种做法早已通行，那我也就不用在这里谈论这个话题了。不过我确信，在这个问题上一定会有人赞同我的见解，认为对孩子进行这样的教育越早，孩子和管教者就越会感到轻松愉快。人们应该把这种做法当作一句不可违背的格言来严格遵守，那就是：无论什么东西，只要拒绝给孩子，就千万不要因为他们哭泣恳求而给予，除非你是有意教他们变得没有耐心和令人厌烦。

第三部分

40. 凡是有心管教孩子的人，应该在孩子很小的时候就开始管教，使他们能绝对服从父母的意志。如果你想让孩子在过了儿童时代之后仍然服从你，那么就一定要在他刚刚懂得服从，知道自己归谁管教时就树立起父亲的权威。如果你希望他敬畏你，就应该在他婴儿时期打下基础。随着他慢慢长大，再慢慢与他越来越亲近。这样，就可以让他在小时候成为顺从你的臣仆，这在当时是很合适的，而长大后就可以成为你亲密又贴心的朋友了。在我看来，许多人在对待孩子方面，方法很不正确。在子女幼小的时候，任其放纵，跟他们不分彼此，等子女长大之后却又对他们正颜厉色，与其保持距离。事实上，自由和放纵对孩子的确没有什么好处，他们还缺乏判断能力，因此需要有人进行约束和管教。相反，成年人做事可以靠理性来指导自己，用专制和严厉来对待他们就是错误的。除非你存心让孩子长大之后厌恶你，希望他们在心里叨咕：“爸爸，你什么时候才会死呢？”

41. 我想，人们对这种看法都会觉得很合理：子女在幼小的时候应当敬畏父母，把他们看做是君主，也就是拥有绝对权力的统治者。而当子女长大之后，则应当把父母看做是最可靠的唯一可信赖的朋友，去敬爱他们。如果我没弄错的话，上面我所叙述的方法就是实现这一目标的唯一途径。当子女长大成人之后，我们一定要把他们当成我们自己一样去看待，因为他们具有和我们一样的情感和欲望。我们希望自己被看做有理性的人，希望拥有自由，不喜欢时时受人指责，看人脸色，也不愿意受别人的奚落和冷淡。任何一个成年人如果被这样对待，都会去另寻伙伴和朋友以及谈话对象，以求得轻松愉快。如果孩子从一开始就受到严格的管教，那么他们在小时候就会乖巧听话，安静随和，服从管教，因为那时的他们除了顺从，不知道还有别的方法。随着年龄的增长，能够逐渐运用理性之后，对他们进行的严格管教也应该慢慢放松。父亲要更加和蔼可亲，父子间的距离逐渐缩短，那么此时，父亲以往的管教反而会增进他们对父亲的敬爱，因为他们已经明白，这种管教是出于对他们的关心和爱护，目的在于使他们值得受父母的关爱以及他人的尊重。

42.关于如何在子女心目中树立威信，我已经说得很多了。首先，你应该凭借他们对你的敬畏来获得支配他们精神的力量，等孩子慢慢长大，再用爱和友谊来维系这种力量。因为总有一天，棍棒和惩罚都会无济于事。到那时，如果你的爱不能让他们对你恭敬、孝顺，如果对德行和名誉的重视不能让他们走上正途，那么我要问，你还有什么办法能让他们走上光明大道呢？当然，由于担心得不到你的喜爱，会少分得遗产，他们也许能让自己成为你的财产的奴隶，但在私下里他们的生活仍然会是邪恶的，而且这种约束也很难持久。每个人总有一天要完全依靠自己，依靠自己的行为，一个善良的、有德行和能干的人是需要从内部去塑造的。所以，他应当及时地受到应受的教育，及时地获得影响自身生活的力量。这是一种植入他们天性中的习惯，而不是因为害怕惹父亲生气，丧失继承权所伪装出来的行为和外表。

管教孩子的方式方法

43. 关于管教的一般原则我们已经说完了，现在应该更进一步考虑一下更为详细的管教方法了。我之前一再谈到应该对孩子严加管教，也许大家会认为我没有充分地考虑到孩子幼小的年龄和娇弱的身体所应得到的对待。不过你们只要再听我说几句，这样的误解就会消除了。因为我也觉得，对孩子进行过分严厉的惩罚没有什么好处，不，或者应该说这样做在教育方面的害处还很大，并且我也相信，受到最严厉惩罚的孩子长大后很少能成为优秀的人才。到目前为止我所主张的只是说，无论需要怎样严格的管教，在孩子越小的时候越应该多用，一旦运用得当，取得了效果，就应该放松，改用比较温和的管教方式。

44. 在子女记事之前，父母如果能通过坚持不懈的努力使子女的意志变得顺从平和，那就可以让这些品质习惯成自然，成为一种天性，而不会引起子女的反抗和怨恨。唯一需要注意的一点是，这样的管教要尽早开始，中间不能有任何通融，要让他们对父母的敬畏之心形成习惯，对父母言听计从而没有一点勉强。这种心理习惯一旦形成之后，（这种心理一定要及早培养，否则，就要付出辛苦，还得通过体罚才能恢复，而且耽误的时间越长就越费力。）孩子就不会过分任性，等他们长大成人，比较明白事理之后，只要依靠这种心理，不需要鞭打、责骂以及其他种种使人受到屈辱的惩罚就能约束得住了。

45. 我们只要想想，教育的真正目的以及其关键之处在哪里，这种道理就很容易被人接受了。

第一，凡是不能控制自己的嗜好，不知道听从理智的指导去抵制当下的快乐或痛苦的纠缠的人，就是缺乏德行和勤劳的真正原则，就有陷入一无所能的危险。这种自制的品质与人桀骜不驯的本性是完全不一样的，所以应该及早培养。同时，这种习惯也是未来的能力和幸福的真正基础，所以应尽早，在孩子刚能懂事的时候就灌输到孩子的心里。任何一个对孩子负有教育责任的人，都应想尽一切方法，让孩子养成这种习惯。

46. 第二，另一方面，如果孩子的精神受到过分的压抑，如果由于管教太严而使其精神遭到过多的打击，他们就会失去活力和勤奋，这种情形比前一种情形更糟糕。因为任性放纵的青年通常都是生龙活虎，富有活力，一旦走上正轨，往往会成为能干的、杰出的人物。而心情沮丧的人就不是这样了，他们胆小羞怯、郁郁寡欢，很难振作起来，难以成就事业。要避免上述这两方面的问题，可真需要高超的技巧。在我看来，如果有谁能找到一种方法，既能让孩子的精神保持舒畅、积极、自由，又能使他克制住自己对许多事物的欲望而接近不那么感兴趣的事物，他就能调和这些表面的矛盾，掌握教育的真正秘诀。

47. 一般的老师所知道或想到的管教孩子的唯一方法就是通过惩罚和棍棒，这是人们在惩罚孩子时通常所采用的简单粗暴的方法，但其实是最不适合在教育中采用的方法，因为它存在着两种弊端，正如我们已经表明的那样，这两种弊端会让人们对其进退两难，最终使这种方法失去效用。

48. 第一，我们人类的本性倾向于迷恋肉体的与现实的快乐，而极力避免一切痛苦，但体罚不仅不能控制这种倾向，反而会给予其鼓励，使其增强作用于我们身上的力量，那是产生一切邪恶和罪过的根源。一个孩子本来不喜欢念书，现在因为怕挨打而刻苦攻读；本来爱吃不卫生的水果，现在因为怕挨打也不吃了，这种行为不就是因为贪恋肌体的快乐，害怕受鞭挞而避免遭受痛苦吗？他这样做只不过是为了获得更大的肉体快乐，避免更大的肉体痛苦而已。用这样的动机去管束和指导孩子的行为，结果会怎么样呢？要我说，除了在他身上培养起我们本该让他们根除并摧毁的本能之外，还有什么呢？所以我觉得，对于孩子的任何惩罚，如果不能让他为做错了事而感到羞愧，而只是令他感到肉体上的痛苦，那是没有什么用处的。

49.第二，这种鞭打的惩罚自然会使孩子对教师希望他们爱好的事物产生厌恶的心理。这是显而易见的。孩子们对于某些事物本来是可以接受的，但当他们因为这些事物而受到鞭打和责骂后，就对这些事物产生了痛恨。对于在孩子身上出现的这种情形，这是很自然的，因为即便是成年人，也不能用这种方法来让他们爱好任何事物。无论是哪种正当的娱乐活动，假如他没有兴趣，没有心思去玩，却有人用棍棒去打他，用恶毒的言语去骂他，非要强迫他玩，或者是正在玩的时候，因为一点小事就经常被人这样对待，难道不会让他对那种娱乐感到厌恶吗？答案当然是肯定的。令人不快的情境通常会影响到与其相关的无辜事物，例如有人常用某个杯子喝让人反胃的药水，那么只要一看见那个杯子就会感到恶心，哪怕杯子洗得很干净，样子很漂亮，材质也很名贵，里面的东西也不能让他提起胃口。

50.第三，这种奴隶式的管教所养成的也只能是一种奴隶式的性情。在棍棒的威逼之下，孩子是会屈服，会假装服从的，可是一旦不用棍棒，没人看见，知道不会受惩罚时，他就会放任自己的天性。这种天性不会由于体罚而有所收敛，有所改变，相反会在他身上不断增长。而且，经过这种约束之后，一旦爆发出来，往往会更加凶猛。

51.第四，如果这种管教严厉到极点，虽然也能治好目前任性的毛病，但由于它会让人精神颓丧，随之而来的就将会是一种更糟糕更危险的毛病。那时，就等于将一个放荡不羁的青年换成了一个心神沮丧的家伙，他那违反天性的拘谨状态的确可以让那些傻瓜们高兴，因为他们就喜欢训练死板的孩子，因为这种孩子不吵不闹，不会给他们带来任何麻烦。然而最终，这种孩子可能也不会使朋友们感到舒服，正如他们终其一生也不会对自己和别人有什么用处。

52.所以，要想让孩子变成聪明、正直、机灵的人，用棍棒以及其他种种奴隶性的体罚就不是合适的管教方法，这种方法在万不得已和极端的情形之下才能偶尔用用。另外，用孩子喜欢的事物去奖励他们，博取他们的欢心，也同样要小心避免。父母如果用苹果、小糖果或其他一些为孩子所喜欢的东西来督促他念书，那就是在认可孩子对快乐的爱恋，就是在纵容孩子身上危险的本性，而这种本性父母是本应该尽全力去消除的。对于孩子的嗜好，一方面加以管制，另一方面却给予满足，那么，想让他学会克制自己的欲望，是肯定没有希望的。为了让自己以后能成为一个贤良的、聪明的、有德行的人，孩子们应该学会克制自己的欲望，在遇到理智的反对和责任的要求时，他应该抑制自己对于物质财富、精美服饰以及美味佳肴等事物的欲望。可是，当你要他去做该做的事时，用钱来做报酬，看到他读书，就用好吃的来犒劳他，要他做一些很小的事，就承诺给他镶有花边的颈巾和漂亮的新衣服，那么，你提出这种种报酬，不就等于你认为这些东西是好的，是他应该追求的目标，从而鼓励他去向往，使他习惯于把自己置身于快乐中吗？人们为了让孩子努力学习文法、舞蹈以及其他各种对于他们的幸福或利益并没有多大帮助的东西，便不恰当地使用奖励与惩罚的方法，结果牺牲了他们的德行，颠倒了他们的教育，等于是把奢侈、骄傲和贪婪教给了他们。因为不良的喜好本来是应该加以约束和压制的，现在却等于受到了鼓励，这样一来，就为未来的邪恶奠定了基础，而那些邪恶，我们要是不克制自己的欲望，并及早使它们受到理智的约束，是没有办法避免的。

53.我的意思并不是说，我不想让孩子们享受一切无碍健康，无损德行的舒适和快乐。恰恰相反，我主张孩子们充分享受各种正当的快乐，使他们的生活尽可能地舒适和愉快。不过有一点要注意，那就是他们获得的那些快乐，只能是父母和教师对他们的重视和表扬的结果，千万不能因为他们不愿意去做某件事情或是没有某种诱惑就不想专心去做，就对这种或那种特殊表现给予奖赏。

54.但是，如果我们一方面收起了棍棒，另一方面也不利用那些孩子们所喜欢的小小鼓励，（你或许会说）那该怎样对孩子进行管教呢？当希望和恐惧都去除之后，任何管教都将失去作用。我承认，善有奖励，恶有惩罚，是理性动物的唯一行为动机，它们就像是马匹的鞭策和缰绳，是人类去工作、去受指引的激励物和约束物，因此用在孩子身上也是合适的。我一直劝告做父母的和做教师的要永远牢记这一点，也就是说，应该把孩子当做理性动物来对待。

关于奖惩应当持有的正确观点

55. 我承认，如果我们想要教育孩子，就应该对其进行奖励和惩罚。但错误之处在于，人们通常所用的奖惩办法都是选择不当的。我觉得如果把肉体的快乐和痛苦当作奖励和惩罚，用于孩子身上，是不会获得好的结果的。因为正像我所说过的，它们只会使那些本应被我们加以控制和消除的嗜好获得增长。假如你要让孩子打消某种使其快乐的欲望，却又让他获得另一种快乐的欲望作为补偿，这会让他养成怎样的道德习惯呢？这只会扩大他的欲望，使其误入歧途。假如一个孩子哭闹着要一种不卫生的和危险的水果，你就给他一些对身体危害较小的糖果，以求得安宁，这样做也许可以让他的身体保持健康，但却让他的精神受到了损害，远离了正道。因为你在这里只是改变了欲望的对象，但对欲望本身还是鼓励的，而且认为它应该得到满足，但就这一点我已经说过，错误的根源就在这里。如果你不能让他克制那种欲望，那么，就算孩子目前能静下来，但毛病本身还是没有治好。用这种办法，就等于在他身上培植了一切罪恶的源泉，以后只要有机会，它一定会更加猛烈地爆发出来，在给他带来更强烈欲望的同时，也给你带来更大的麻烦。

56. 我们用来让孩子走上正道的奖惩属于另一类，它们具有那样一种力量，一旦能使其发挥作用，便意味着事情大功告成，困难也不复存在。孩子们一旦明白了尊重和耻辱的含义，那么这二者对于他们的心灵就是一种最为有力的刺激。如果你能让孩子们热爱荣誉，对羞愧和耻辱有所理解，就等于让他们掌握了一个真正的、会永远发挥作用的原则，这个原则会令他们走上正道。

大家也许会问，怎样才能做到这一点呢？

我承认，这件事一开始看上去并不是没有困难，但我觉得我们还是值得花时间去寻找一些能如愿以偿的方法。（发现之后还要进行实践）能做到这一点，在我看来是教育的一大秘诀。

给孩子树立尊重和耻辱的观念

57. 第一，孩子们（也许比我们想到的还早）对于表扬和称赞是极为敏感的。当受到别人，尤其是父母与自己所依赖的人的尊重和赞誉时，他们会觉得这是一种快乐。所以，假如父亲看见子女的行为优秀就给予赞扬，看见子女的行为不好就表现得恼怒和冷淡，同时母亲以及孩子身边的人也用同样的态度去对待他们，那么，要不了多久，孩子就能感觉到其中的差异。这种办法如果能坚持执行下去，我相信它的作用一定比恐吓或者鞭打要大得多，况且这两种办法如果用得太多就会失去威慑力，如果不能因此而让孩子感到羞耻，那就没什么作用。所以，除了后面所说的万不得已的情况之外，还是应该禁止使用的。

58. 第二，为了让孩子更深切地感受获得尊重的快乐以及遭到屈辱的羞耻，并使这种感觉得以加强，那么在孩子对这些有所感受的时候，各种令人开心或不开心的事物就应当始终伴随在他身边，当然这并不是对他们所做出的行为给予的特殊奖励或惩罚，而是由于其言行举止得当与否所带来的必然结果，要么被尊重，要么被羞辱。用这种方法对待孩子，就能让他们明白，凡是因行为良好而受人尊重、获得赞扬的人，一定会得到他人的喜爱，也自然会得到其他种种美好的事物。反之，凡是因行为不端而被人瞧不起、不爱惜自己名誉的人，就不可避免地要遭受别人的冷淡和轻视。结果就是，不管是什么能让他感到满足或高兴的东西，他都得不到。用这种办法可以从一开始就能让孩子获得一种稳定的经验，让他们明白，自己钟爱的东西，只有名誉良好才能得到和享受。

这样，他们的欲望反而有助于他们的德行。如果你能借助这些方法让孩子们为自己的错误行为感到羞耻（除此之外，我希望不用惩罚），使他们能热爱自己的名誉并为此感到快乐，这样，你就可以随意地支配他们，而他们也会爱上一切美德。

59.我认为这种办法的最大困难来自仆人们的愚蠢和顽固，因为在实行这种方法时很难防范他们不来干扰父母们的计划。当孩子犯了错误，遭到父母的冷落之后，往往可以通过这些愚笨的奉承者的抚慰来得到庇护和安慰，结果就是把父母为培养孩子的德行所付出的一切努力全给破坏了。当父母不给孩子好脸色时，其他人也应该以同样的冷淡态度对待他，谁都不能给他一点好脸色，直到孩子自己请求原谅，改正了错误、恢复了以往的名誉时为止。如果这种做法能够坚持实行下去，我相信，鞭打或责骂就很难再有用武之地了。孩子们为了求得自己的舒适和满足，不用打骂，也能很快地学会去博得他人的称赞。对于那些他们认为是大家都反对的，做了也会让自己吃苦头的事情，他们会避免再做的。这样，就能让他们学会谦虚和耻辱，对于那些感觉会让别人轻视自己的行为，他们也很快会自然而然地厌恶了。至于该怎样消除仆人方面的障碍，我只能让做父母的人自己去考虑了。我只是觉得，这点至关重要，如果他们能够拥有一些做事小心谨慎的人来照料他们的孩子，那将是非常幸福的。

60.所以说，经常打骂孩子的行为是应当谨慎避免的，因为这种惩罚除了能让孩子对因犯错而遭受惩罚的错误行为产生羞耻和厌恶外，再没有什么其他好处了。假如惩罚没有让孩子明白自己做错了事情，也没有让他们明白朋友们之所以讨厌自己，完全是自己咎由自取，那么棍棒所带来的痛苦只能是一种不完善的治疗。看起来只是对创伤作了暂时的处理，使伤口表面结了一层痂，但并没有触及痛苦的根源。只有发自内心的羞耻心和不愿再惹人讨厌的畏惧心，才能成为真正的约束。只有这两者结合，才能有所驾驭，使孩子从此走上正道。但如果体罚过于频繁，也必然会失去作用，让孩子的羞耻心逐渐消失。孩子的羞耻心就像女性们身上的贤良品德一样，不能时时被人侵犯而仍然保持下去。如果父母把孩子打了几下之后，那种生气的样子很快就没了，那么孩子是不会惧怕父母的恼怒的。做父母的首先应该考虑清楚，究竟是孩子的哪些过失才值得他们生气。可是一旦发怒了，对孩子实施了惩罚后，就不该马上收起怒容，而应想尽办法去恢复孩子原有的美德，一直要等到他真正服从了，比平时表现得更好了，彻底弥补了所犯的错误，才能完全恢复原来的态度。否则，惩罚用得太多就成了家常便饭，就会完全失去作用。孩子犯了错，就受到惩罚，然后又被原谅，结果他们就会把这看成是一种自然而然的事儿了，就好像昼夜交替那样。

61. 关于名誉，我还有一点要说，那就是，名誉尽管不是德行的真正原则和标准，（因为那是一个人的责任，是一个人乐于服从造物主，遵循上帝给予他的指示，期望获得上帝的认可和奖励。）但它是与德行的真正原则和标准最接近的。名誉是大家根据理智，对有德行的良好行为的一种不约而同的证明和赞扬，在孩子还没长大，不能运用自己的理智去辨别是非的时候，是一种用来引导和鼓励孩子的合适的办法。

62. 我们上面提到的这种考虑可以指导做父母的，让他们明白自己应该怎样去责备或表扬自己的孩子。当孩子犯错时，就不能姑息纵容，一定要加以斥责，不过在斥责时，用语要冷静严肃，不受情绪支配，并且应该背着他人在私下里进行。但是当孩子应该受到赞扬时，就一定要当着别人的面去赞扬。孩子在受到赞扬之后，再经过大家的一番传播，那么奖励的意义就更大了。而父母对孩子的过错不去宣扬，就会让孩子更加看重自己的名誉，他们觉得名誉没有受到损失，就会更加小心地维护别人对自己的好评。如果你在大庭广众之下揭露他们的过失，令他们感到无地自容，他们就会大失所望，而制裁他们的工具同时也就失去了。他们越是觉得自己的名誉已经受到了损害，就越没有心思再去想办法维护别人的好评。

63. 不过，如果能用正确的办法对孩子进行管教，那么我们设想的在一般的实践中已经确立的奖励与惩罚就没有必要多用了。因为，只要能够尊重在场的其他人，他们所做的一切天真的傻事、游戏以及幼稚的行为就都可以完全任其自由，不加丝毫约束，而且不妨给他们最大程度的宽容。这些儿童时期所具有的而不是由儿童本身所产生的过失，最好随着时间的流逝，等到他们学会模仿，在成熟的年岁里再加以改正，这样他们便可以免受许多误用的、无益的惩罚。如果惩罚很频繁，却没有什么作用，并不能掌控孩子在这一时期的本性，那么当以后遇到其他必须加以惩罚的情况时，惩罚的作用就会大大减弱。如果惩罚的力度很大，以致压服了孩子在儿童时期的快乐本性，就会损害孩子的身心。假如父母已经在孩子心中树立起了应有的威信，那么，就算有时候孩子的游戏过于吵闹，或者不合时宜地跟有些孩子在一起（这只是指他们父母在场的时候），但只要父母说句话，或者使个眼色，就可以让他们走开或是安静下来。不过，这种好玩好闹的本性是“自然”根据孩子的年龄和性情所作的聪明巧妙的安排，应该加以鼓励，使他们提高兴致，促进自身的力量和健康，不应进行阻止和约束。在教导孩子这方面，主要的一个技巧就是把孩子该做的事也都变得像做游戏一样。

64. 说到这里，我要提一个在普通教育方法上的错误，那就是让孩子时时刻刻都牢记许多规则和教训，而对这些他们常常是不能理解其中的含义的，总是听过后就忘记了。其实，如果你想要孩子做某件事，或者想让他们在做事时换个方法，结果他们还是忘了做或是做得不好时，你就应该让他们反复去做，直到做好为止。采用这种办法有两层好处。

第一，你可以借此知道某件事情孩子是否有能力去做，是否能对他们抱有期望。因为有时候我们吩咐孩子去做某些事，在试过之后才知道原来他们并没有做那些事的能力，事先需要加以教导和练习才能让他们去做。但对教师来说，下命令可比进行教导要容易得多。

第二，这种办法还有一个好处，就是一种动作经过多次练习，可以使其在孩子身上变成习惯，这样就不用再靠记忆与思考，自然而然就能做出来了。要知道记忆和思考不是童年的伴随物，而是深谋远虑和成熟的伴随物。例如有人向他致礼，他应鞠躬作答，有人跟他说话，他应注视对方的面孔。由于经常应用的缘故，这对教养良好的人来说简直像呼吸空气一样自然，用不着思考，也用不着回忆。用这种方法把孩子的任何过失都改正之后，那就算是永远地改正了。这样一件件地改正下去，就可以把他的过失全部根除，在他身上养成你所喜爱的任何习惯。

怎样合理地给孩子定规则

65. 我看到有些做父母的把成堆的规则加在孩子身上，而可怜的孩子连那些规则的十分之一都记不住，更不用说去实行了。可如果他们违反了这又多又杂的，通常来说又不是十分恰当的规则，就会受到打骂。这样做导致的后果就是，孩子知道自己的注意力分散，很难记住大人所说的话，很难不违反大人们定下的各种规则，于是干脆就不去理会各种条条框框了。

所以，你给孩子定的规则应该越少越好，要比表面上看去好像绝对不能少的还要少。因为，如果你定的规则太多，让他难以承受，结果就不外乎两种：要么是，孩子肯定会经常受到惩罚，而惩罚得太多，效果肯定就不会好。要么是，孩子违反了某些规则而你却不给予处罚，这样他一定会轻视这些规则，从而使你在他心目中的威信也随之降低。所以说，规则应该少定，一旦定下就要让孩子严格遵守。对孩子来说，年龄越小，所需的规则也越少。随着他年龄的增长，当一种规则经过练习，具备了一定的基础之后，就可以再去增加另外一种规则。

教育孩子要从他的天性出发

66.但是请记住，对孩子来说，不是单用规则就可以教育得好，因为规则早晚会被他们忘掉。如果你觉得有什么是他们必须做的，就应该利用一切机会，甚至在可能的时候创造机会，给他们进行不可缺少的练习，使其在他们身上固定下来。这就可以让他们养成一种习惯，这种习惯一旦养成之后，用不着再借助记忆，就能自然而然地起作用了。不过我在这里还有两点要提醒：

第一，在让他们通过练习来培养要形成的习惯时，最好是和颜悦色地进行劝导和提醒，而不是进行严厉的指责，好像他们有意违抗似的。

第二，还要注意的一件事就是，不要一下子培养过多的习惯，否则花样太多，把他们弄得昏头涨脑，反而会一无所成。要等到一种习惯通过经常的练习后，变得容易自然，孩子能够不假思索地做出来之后，才可以再去培养另外一种习惯。

这种方法是以反复的练习来教导儿童，不是要他们去死记规则，而是让他们在教师的监督指导下反复地做同一种行为，以期养成做好那种行为的习惯。无论从哪方面考虑，这么做都有很多好处，可是它竟这样被人忽视，我真觉得有点奇怪（假如能够对任何不良习惯感到奇怪的话）。

关于它的好处，我这里再顺便说一下。采用这种方法能让我们知道，要孩子去做的事情是否符合他的能力、他的天资以及体质，因为对正确的教育来说，这些方面是应当考虑到的。我们不应该希望能完全改变儿童的本性，对我们来说，不能把天性欢乐的人变得郁郁寡欢，把天性忧郁的人变得快乐无比，同时又不对他们造成损害。上帝已经在人类的精神上给特定的品质打下了烙印，这些品质就像是它们的形态，可以稍加改变，但是很难把它们改成一个相反的样子。

所以，照料孩子的人应该仔细研究他们的天性和才能，并且应该经常试试，看他们做什么事情比较容易，走哪条路比较适合他们。应该看看他们天生是块什么样的材料，怎样做才能得到提高以及适合做什么。还应该知道孩子欠缺的是什么，不足之处通过努力是否能够弥补，通过练习是否能吸收，并且值不值得为之努力。因为在很多情况当中，我们所能做的或者应该做的，就是尽量利用孩子的天赋，同时防止这种天赋容易产生的恶行与过失，并对其能够带来的好处给予大力支持。对每个人来说，他的天生才智都应该得到最大程度的发展，但是要让其彻底改变，那只会白费力气。就算是竭力加以粉饰，充其量也只不过是勉为其难，那种局促不安和矫揉造作的表象将永远存在。

我相信，矫揉造作的毛病不是孩子从小就有的，也不是未经教导的天性的产物。这种杂草不是生长在荒芜的野地里，而是生长在花园里，由于园丁的疏忽大意或者不善管理才滋长起来的。一个人之所以表现得矫揉造作，应归根于管理与教导以及一种不能没有礼貌的感觉。它想改正本性中的缺点，并且总是具有一个动人的目的，就是获取别人的欢心，尽管这一目的总是达不到。它越是费尽心思地想装出优雅的举止，其实离优雅的实质就越远。正因为这样，所以我们要更加提防它，因为它正是教育所产生的弊端。这种教育其实是一种走入了歧途的教育，但是年轻人或者由于自己的过错，或者由于周围人的行为不正，却很容易受到这种教育带来的伤害。

优雅的态度总是讨人喜欢的，只要对此稍加观察我们就会发现，优雅的举止是一个人在恰当的时候，自然而然地做着恰当的事，他的心情也和当时的情境相符。当我们遇上一个温文尔雅、友善殷勤的人时，不可能不感到愉悦。一个人若是能落落大方，对自己的言行举止能够控制自如，既不猥琐狭隘，也不孤高傲慢，没有沾染什么大的缺点，没有人会不喜爱他。从这种完善的心境中所自然流露出来的行为是内心的真实表现，当然也会让我们感到高兴。而这种行为是内在精神和气质的自然流露，自然会显得从容自如，毫不做作。

当一个人经过不断练习，将自己的行为变得时尚大方，在与人交往时，由于天性或习惯，所有的言行举止，哪怕是微小的动作表情，都会显得礼貌得体、谦逊有加，看上去一点也不显得生硬或是刻意模仿，而是由完美的心境和良好的素质自然流露出来。在我看来这是一种美，这种美通过人的行为表现出来，使他们的行为显得更加光彩照人，也会使和他们接近的人为之倾倒。

相反，装模作样是对本应纯真自如的事情的一种拙劣而勉强的模仿，缺乏那种随意自然的美。在矫揉造作之中，外表的行为与内在的心境总是不相符的，表现有以下两点：

第一，一个人实际并不具有某种性情，却要在言谈举止上装腔作势，想通过外表来装出这种性情。然而，这种刻意的勉强是会自行暴露的，例如有些人有时偏要装出一副忧伤的、悲天悯人的或者是和善的样子，实际上他的心态正与此相反。

第二，有时候他们没有刻意装腔作势，假装具有某种性情，但却在行为上表现出一些与自己的习性不相称的动作，以此表达自己所具有的性情，比如他们在与人交往的时候会故意做出各种勉强的动作、表情或言行，其本意是要向对方表示尊重或礼貌，或表示自己谈得很愉快、自在，但由于这些行为表现得并不是自然的或真实的，所以实际上是他们内心的某种缺陷或错误的表露。这种现象大都是因为他们只知道一味地模仿别人，却不知道分辨他人的行为之中哪些是优雅的，哪些是人家性格中所特有的。一切矫揉造作的行为，无论其方式怎样，总是令人反感的，因为我们生来就不喜欢假装的事情，也看不起那些胸无点墨，只能以假装的态度去博取别人欢心的人。

率真的不加修饰的本性以及任其自然的态度，要比人为的丑态和刻意的装扮好得多。如果我们自己没什么成就，或者说在行为方面有某种缺陷，言行举止不能达到十分优雅的程度，通常是不会被人注意，遭人指责的。但我们的行为中无论哪一部分要是有了装模作样的成分，那就等于给我们自己的不足之处点了一支蜡烛，一定会惹人注意的。不是觉得我们见识浅薄，就是认为我们虚头巴脑。这种情形，做教师的人应该特别加以提防，因为，我之前说过，犯装模作样的毛病是一种习得的丑态，根源在于错误的教育。有这种表现的大都是那些冒充受过良好教育，不愿被人认为自己是不善交际的人，此外很少会有人这样做。如果我没弄错的话，我觉得它常常是起因于有些懒惰的人，他们只知道制订规则，提出范例，却不把他们的教导与实践相结合，没有让学生在自己的监督之下重复某种行为，以便改正其中失礼的和做作的成分，使那种行为变得自然而然，运用自如。

第四部分

67. 对于所谓的礼貌，孩子们往往会觉得困惑，而自以为聪明的女仆和女教师却常常在这方面提供很多所谓善意的劝诫。在我看来，学习礼貌与其借助规则，不如依据榜样。这样，孩子如果与坏伙伴保持距离，明白自己如果言行有礼貌就能得到大家的尊重和赞扬，他们就会乐于遵照别人的榜样，使自己变得行为优雅的，他们自己也会因此而感到自豪。如果由于一点小的疏忽，孩子的脱帽礼或退步致敬的姿势做得不那么优雅，这一点可以由舞蹈教师去纠正，把时尚人物称之为村俗之气的率真天性完全去掉。我觉得跳舞最能让孩子具有适当的自信和举止，使他们能与年长的人交往，所以我建议孩子到了能学跳舞的年纪，就应该让他学习跳舞。因为跳舞虽然只是一种外表优美的动作，但不知为什么，我觉得它在使孩子从思想和行为上具有男子汉气概的作用方面比其他任何训练都强。除此以外，我不主张小小的孩子因为礼貌上的细节而多吃苦头。

你应该知道，孩子有些过失，只要随着年纪的增长就可以改正过来，所以你不必为此而过多担心。当孩子幼小的时候，只要他们的内心怀有礼貌的概念（那是你一定要尽早注意培植的），就算是行为上有做得不到位的地方，做父母的人也尽可以少去操心。如果在他稚嫩的内心里充满了对父母师长的敬爱，对这些人不敢有所违背，同时对其他人也心怀敬重和善意，那么，这种尊重他人的情感自然就会让他们去学习那些最受他人欢迎的行为方式。

你应该要注意的是，要在他们的内心建立起善良慈爱的原则，要尽可能利用名誉、赞扬以及随之而来的种种美好的事物，使这种善良和慈爱的原则变成一种习惯。这种原则一旦经过不断的练习，在他的心里生根发芽、根深蒂固之后，那你就不用再担心了，一切谈吐的文雅和外表的风度，到时候都会在孩子身上自然而然地形成。只要孩子能从女仆的照料之下解脱出来，让一个教养良好的男子去做他们的教师。

孩子在很小的时候，无论有什么粗心大意的地方，只要其中没有骄傲和邪恶的迹象，就都是可以原谅的。但如果他们的任何行为表现出了这种迹象，那就应该按照我们前面所说的方法，马上加以纠正。至于礼貌问题，我所说的那些意思并不是说，就算我们懂得怎样让孩子有礼貌，也不应该在他们很小的时候就去慢慢调整他们的动作和行为。假如孩子在刚会走路的时候，就有办法高明的人使用正当的方法去陶冶他们，那本是一件很不错的事情。我所不满意的是在处理这个问题上通常所用的错误办法。有的人平时从来没有在行为举止方面对孩子进行过教导，但当孩子在礼貌上稍微出现点偏差时却会遭到大人的训斥，在脱帽礼和退步致敬之类的事情上没完没了。（尤其是当有陌生人在场的时候）这些人表面上虽然是在纠正孩子的错误，实际上多半只是为了掩盖自己的耻辱而已。他们为了让自己不受责备，就把一切都归咎于可怜的小家伙，为的只是怕旁人议论，说孩子的不良行为是出于他们对孩子照料不够，他们缺乏管教孩子的能力。

从孩子这个角度来说，这种偶尔的教训对他们来说没有丝毫好处。事实上他们应该事先对孩子进行教导，让孩子知道该做什么，同时还要反复练习合适的做法，而不是让孩子事先毫不知情，就临时地命令他们去做那些根本没有做过，也不知道应该怎样去做的事。每逢事到临头就训斥一顿，那不是在教导他们，而在无故地让他们受烦扰、受折磨。最好就是随他们去，不必因为一些并非他们自身固有的，或者是听了一番劝告就能改正的过失去斥责他们。孩子们由于年纪小而天性具有的粗心或率直，可以让他们长大了再去注意，不用时时刻刻无缘无故地给他们训斥，因为这种训斥既不会，也不能使他们养成优雅的举止。他们如果心地纯正，本质上就有礼貌，那么，就算他们因为缺乏良好的教导，外表上看起来粗俗一点，但只要他们是在品性良好的伙伴中间成长起来的，那么时间与观察会将这种外表上的粗俗洗刷干净。反之，如果他们经常与不良的伙伴在一起，那么，就算你用尽世上的所有规则，使尽一切能想象到的惩罚，也还是不能让他们形成良好的德行。因为，你应该明白这个真理：对于孩子们，尽管可以给他们各种教导，每天都跟他们说些关于礼仪的指示，但最能影响他们行为的还是那些与他们朝夕相处的人以及周围人的言行。儿童（不仅是儿童，成人也一样）的举止大半是通过模仿得来的，而我们都是模仿性很强的动物，是近朱者赤、近墨者黑的，所以对孩子们来说，看到的要比听到的能更好地理解，也是没什么奇怪的。

孩子周围的人对孩子的影响

68. 我在前面说过，仆人对孩子有个不小的害处，就是他们爱奉承、讨好孩子，这样会降低父母斥责孩子的力量，从而损害父母的威信。这里我还要提到的另一个严重的问题就是，孩子们会从低微的仆人那里受到很多不良的影响。

所以，如果可能的话，最好坚决别让孩子和这样的人交往，因为孩子经常和他们接触打交道，他们在礼貌和德行上的坏榜样很难不让孩子受到负面的影响。孩子们经常从缺少教养或德行不佳的仆人那里学到很多不当的语言、狡诈的诡计和恶劣的行为，如果他们不和仆人接触，这些东西他们可能一辈子也不会知道。

69. 要完全防止这种弊病是非常困难的。如果在你雇用的仆人中没有一个是低贱或邪恶的人，如果你的孩子没有从仆人那里沾染到丝毫的恶习，那你的运气就真是太好了。不过我们还是要尽力去防止这种弊病，并让孩子尽量多地和父母以及受托照顾他们的人在一起。为了达到这个目的，当孩子在跟前的时候，应该让他们感到舒适愉快；当他们在父母或教师的跟前时，应该让他们获得与年纪相符合的自由，不用加以不必要的约束。如果让他们觉得在父母和教师面前像坐牢似的，那他们自然就不喜欢与父母教师在一起了。对孩子来说，只要做得不太过分，他们那充满孩子气的游戏或行为举止，都不应该受到阻碍，而且其余的自由也都应该给予他们。另外，为了让孩子愿意跟父母待在一起，那么只要是他们心爱的东西就都应该从父母那里得到。千万不要让仆人们把烈性的饮料、酒类、水果以及玩具等各种东西给孩子，以此获得孩子的欢心，使孩子喜欢跟他们交往。

培养孩子的为人处世

70. 提到伙伴这点后，我真不想在这个问题上多说了。因为伴侣的影响要比一切教训、规则和教导都大得多，我觉得再去多谈别的几乎是没什么作用的事情，简直是白费力气。你肯定会说，我对自己的孩子有什么办法呢？如果我总是让他待在家里，他就有变成我的小祖宗的危险。假如我把他放出去，他又怎能不被外面到处流行的粗野和邪恶传染呢？把他留在家里，他可能会比较纯洁，但也会更不懂人情世故。他在家里缺少新的伙伴，每天看到的都是几副熟面孔，一旦出去闯荡，就会变成一个要么羞怯腼腆的，要么自高自大的家伙。

我承认，无论是把孩子留在家里还是放他出去，都有其不利之处。经常让孩子待在外面，他的胆子自然会大些，也更容易和一般大的孩子打成一片，伙伴们之间相互竞争，就会让孩子们充满活力，肯专心读书。不过，在你能找到一个学校，里面的教师能够顾及到学生的礼貌，能够很好地培养学生的德行，使学生的行为能够表现出良好的教养，就像能够卓有成效地教学生学会学者的语言之前，你得承认，你对语言的看法有点古怪。因为你很看重古希腊、罗马的语言，所以你觉得拿孩子的纯真和德行去冒险，让他去学校学到一点点希腊文与拉丁文，而不是为了让孩子成为勇敢的人是值得的。因为男孩子从学校的伙伴那里得来的胆量和活力，通常都含有粗鲁及不良的自信，这些不合适和不正直的处世方法和习气今后是必须要根除的，取而代之的是较好的原则以及使人成为真正有价值的人的仪态。

大家仔细想想就会明白，一个人要拥有良好的生活，要能很好地为人处世，那么从同伴那里学到的鲁莽冒失、诡计多端或粗暴残忍就是绝对要避免的。私人教育虽然也有缺点，但跟学校教育所带来的弊病相比，还是要好得多。这样想来，就会想办法把孩子留在家里，使其保持原有的纯洁和谦虚。而且，孩子在家，和亲人比较接近，更容易学到一些品质，成为一个有用的和能干的人。女孩子原本就是在深闺长大成人的，但也没人发现或觉得她们因此而变成不太懂事理的能力欠佳的女人，大家对此是没有丝毫怀疑的。而她们一旦踏入社会，习惯了与人交往，自然很快就会拥有相应的自信。此外，至于男人方面，不管是怎样的粗鲁和狂暴，最好还是要尽量地避免，因为我觉得勇敢与镇定和粗鲁及不良的教养没有什么必然联系。

相对于人情世故来说，德行更难获得。年轻人要是没有了德行，是很少能再恢复的。怯懦无能和对人情世故的无知常被认为是私人教育的失误，其实，这并不是家庭教育带来的必然结果，也不是什么治不了的毛病。相对于这两者来说，邪恶才是更顽固、更危险的，所以应该首先加以防备。如果说家里给的溺爱太多，会让人变得胆小无能，应该全力避免，那么这么做的主要目的也是基于德行的缘故。因为我们担心，这种柔顺的、容易屈服的脾气太容易被邪恶所影响，使刚进入社会的年轻人太容易堕落。

当一个年轻人在离开父亲的住处和教师的保护之前，应该有一种坚定的决心，应该洞悉人性，使自己的德行不至于发生动摇，否则，如果他对交友的危险没有足够的了解，不能坚定地抗拒一切诱惑，他就很容易陷入万劫不复的歧途，走入致命的深渊。

假如不是因为这一点，那么对于年轻人的羞涩胆小和不懂人情世故就用不着这样早早地去关注，通过交际就能在很大程度上治好这种毛病。如果没有治好，那就更加说明家庭里需要一个好的教师。因为，如果我们能劳心费神，让他及时养成一种男子气概和镇定的态度，就等于在他独自步入社会时，给他的德行添了一道保障。

我们说坚强自立的主要作用是为了保护他的德行，那么，为了让孩子具有自信，获得一点与人相处的技能，就去牺牲他的纯真，让他和那些缺少教养的或者邪恶的孩子交往，这显然是不合理的。因为，自信或机敏一旦与邪恶混在一起，支持他的不良行为，那孩子毫无疑问会走向堕落。到那时，你就又要重新想办法去消除他从伙伴那里沾染的毛病，否则就只能让他尽毁前程。

男孩子只要有了与人交往的机会，只要时间足够，就肯定能学会自信。在此之前，谦逊和服从能让他们很容易就接受教导，所以事先可以不用太注意培养他的自信。最应该花时间、下苦工夫和努力的，是让他们获得德行的原则、进行德行的实践以及具备良好的教养。这些才是他们应该多加准备的，以免以后容易失去。因为进入社会之后，与人的交往一方面会增加他们的知识和自信，另一方面也容易使他们失去德行，所以对于德行，应需要事先进行充分地准备，使其在他们身上生根发芽。

至于孩子长大之后，怎样才适合与人交往，步入社会，我们暂且放下，以后在别的地方再说。但是对于那种整天跟淘气的孩子厮混在一起，学着耍心眼，为了一点小事就相互欺骗的孩子，我是看不出来他们怎么能够参加符合文明的活动或事业。学校里这种伙伴所来自的家庭素质都参差不齐，做父母的希望孩子混迹其中，到底能获得怎样的品性，真是难以看透。我相信，凡是请得起家庭教师的人，相对于学校里的老师而言，可以让他的孩子获得更加优雅的举止和更加刚毅的思想，同时还能懂得什么是有价值的、什么是合适的，而且知识能掌握得更透彻，在尽早获得成长方面也更快一些。在这个问题上，我并不怪学校里的老师，也不认为他能做得特别理想。因为就学生数量而言，家庭里只有两三个，而学校里则上上下下挤满七八十个学生一屋子，其中的区别还是很大的。无论教师怎样勤奋，有本事，他也只能在学生聚在学校的时候进行教育，在其他时间他是不可能同时照顾到50或100个学生的。而且除了书本以外，也没法指望他还能在别的方面给学生以教导。孩子在心理和礼貌方面的形成需要给予不断的关注，而且还要有针对性地进行个别教导，这在聚堆儿的孩子中是没法开展的。况且，在一天24小时中，学生绝大部分的时间都是自己度过，或者还可能受到同伴的恶习熏染，就算教师有时间去观察和纠正每个学生的个别缺点和不良倾向，他们的努力也不过是白费工夫。

但是一般做父亲的人总是感觉那些胆大勇猛的人往往最能走运，于是他们很愿意看到自己的孩子能及早变得勇往直前，认为这是一种好兆头，表示他们长大了会兴旺发达。他们看见自己的孩子跟同学要点儿诡计，或是从同学那里学到一点雕虫小技，就以为是学会了谋生的本领，可以步入世界大展拳脚了。但是我要不客气地说，只有把子女的幸福奠定在德行与良好的教养上面，才是唯一可靠和保险的办法。造就一个人才，靠的可不是孩子们之间玩弄的恶作剧或欺骗，不是彼此之间的暴力抗衡，也不是共同策划盗窃一所果园的周到的行动。要造就一个能干的人才，靠的是正直公道、宽宏大度和严肃认真的品质，同时还要加上观察以及努力勤奋，而这些品质我认为学校里的学生们彼此之间是不能学到多少的。如果一个受到家庭教育长大成人的年轻的绅士在这些品质上不能比学校里的学生学得更多，那就只怪他的父亲选错了家庭教师。你可以从文法学校里挑出一个最拔尖的学生，再找一个在家庭里受过良好教育的同龄孩子，使他们成为亲密的好朋友，然后你可以比较一下，谁的举止更有男子汉气概，谁在面对陌生人时谈吐更加落落大方、镇定自如。我相信，那个学生到时或者是缺乏自信，或者是因太过自信而令人见笑。假如他的自信心只能让他和孩子们交往，那还不如没有的好。

从邪恶这件事来说，大家一般都在抱怨说它在我们这个时代成熟得真是太快了，以致很早就在年轻人身上撒下了种子。如果你敢冒险，让孩子在外面厮混，放任他在学校里凭着机会或者依着自己的喜好去选择伙伴，那他就很难避免受到这种流行病的感染。至于近年来在我们身边，邪恶究竟为什么如此普遍，如此猖獗，又是什么人在纵容，这些我都打算留给别人去研究。我希望那些抱怨基督教的虔诚与德行已经在很大范围内大幅度地衰退，抱怨这一代绅士阶级的学识修养大大退步的人能仔细想想，怎样才能让下一代人将这些美德恢复到理想状态。关于这一点，我坚信如果我们不从年轻人的教育和原则性上去打好基础，那么其余的一切努力就都会是白费。英国因其良好的德行、能力和学问，成了在世界上举足轻重的国家，如果我们对下一代的纯正、严谨和勤奋的美德不去注意和维护，而又希望他们充分具有这种德行、本事和学问，继续在人生舞台上赢得成功，那可真是笑话了。

本来我还想把勇敢也算进去，虽然它一直被认为是英国人的自然遗产。近来，人们常谈到海上发生的一些事情，那是我们的祖先从没听到过的，当我想到这些事情时我不能不说，放荡奢靡会消磨人的勇气。一旦放荡的行为损害了真正的荣誉感，勇气也就很难再继续存在。我觉得，世界上无论哪个国家，无论曾经怎样以勇猛而闻名，一旦因腐败的蔓延而破坏了纪律的约束，让邪恶发展到了肆无忌惮的境地，它就绝不能再靠武力的威名来保持荣耀、威震四方了。

所以，教育上很难做到而又极具价值的目标之一就是德行，是直接的德行，而不是冒失鲁莽，也不是任何一点赖以混世的小伎俩。要将德行放在首位，其他一切的考虑和成就都应该为它让路。唯有德行才是真实的善，所以教师对其不应该只是教导和谈论，还应该利用教育的工作与技巧，将其灌输给心灵，使其固定在心田里面。在年轻人对它产生真正的爱好、把自己的力量、荣誉和快乐放在其中之前，千万不要放弃努力。

德行越高的人，也越容易获得其他的成就。因为凡是能遵从德行的人，对于所有适合自己的事都不会采取偏执或倔强的态度。所以我建议把年轻的绅士留在家里，就在父亲眼前，由良好的教师去教导。只要能恰当合理地做到这一点，那就是达到教育上这一重大的主要目标的最好、最安全的办法。

在绅士们的家庭里，不缺少各种各样的伙伴，所以他们应该让孩子习惯一切陌生的面孔。孩子一旦有了和有学问、有教养的客人进行交际的能力，就应该让他们去交际。我不知道为什么有些住在乡下的人，出外拜客时也不带孩子一起去。我相信，父亲把孩子留在家里进行教育，相对于送到外面来说，他将有更多的机会跟孩子接近，从而就能给孩子提供他认为合适的任何鼓励，就能使他少受仆人以及品格低下的小人的玷污。但事情究竟该怎样决定，主要还是由做父亲的人根据具体情况和便利条件去考虑、决定。我只是觉得，不管他的环境怎样，如果做父亲的人不愿花费一点力气去教养自己的孩子，那可真是最坏的治家之道。要知道，亲自教养子女那可是对子女的最好的给予。但说到底，要是仍然有人觉得家庭教育会让孩子缺少伙伴，而普通的学校教育对年轻的绅士又不适宜，那么我想，将来大家可能会想出办法，让两方面的不足都能得到避免。

父母应注意的言传身教

71. 经过考虑，我觉得伙伴的影响还是很大的。我们每个人，尤其是儿童，都喜欢模仿别人。现在我要向做父母的人提醒一句，那就是，如果谁希望孩子能尊重自己，尊重自己发出的命令，那么他自己首先就应该尊重孩子，因为孩子应受到最大的尊重。对于那些你不愿意让他去效仿的事，就一定不要在他面前表现出来。如果有件事你觉得孩子做了是个错误，但你自己却不小心做了，那么，他一定会以你为榜样来为自己开脱，到时你再想用正当的方法去纠正他的错误可就不容易了。假如他亲眼看见你做了某件错事，而他做了同样的事时要受惩罚，那么，他一定不会认为你的严厉是出于关爱，是真心希望他改过，相反，他会觉得你是倚仗父亲的地位，蛮横无理，自己享有着自由和快乐，却毫无理由地禁止孩子去获取这些。如果你觉得自己能随便一些是年长的人拥有的特权，而不是一个孩子所应当希望的，那么，这么做的结果只能是让孩子更想以此为榜样从而去效仿。因此，你要时刻记着，孩子喜欢假装成人要比我们预想的早。他们爱穿马裤，并不是因为样子好看或者是穿着舒服，而是因为穿了它就意味着是一个迈向成年的标志或步骤。之前我谈到的父亲在子女面前的言行举止这点，还可以扩大范围，因为这适用于一切有权管教孩子或者应受孩子敬重的人。

72. 现在我们回到奖惩的问题上。就像我之前所谈到的，孩子的一切幼稚行为和不良举止以及其他一切可以随着时间流逝而能获得改善的事物，如果不用棍棒来进行教育，那么孩子们所受的鞭打也就不用像现在这么多了。如果我们把读书、写字、舞蹈和外语等方面也都列入以此来对待儿童的范畴，那么在正当的教育里，棍棒或武力就很少能派得上用场了。要把这些东西教给孩子，正确的方法是让他们对你要求学的东西产生兴趣，然后他们自己就会去主动努力了。只要我们能用合理的方法对待孩子，对之前提到的奖罚措施能谨慎地运用，同时在教导他们的方法上能遵循以下几条简单规则，我觉得要做到这些并不难。

73. 第一，对于孩子应学的东西，绝不能使其变成一种负担，也不能作为任务来给以强加，否则他们很快就会对其感到厌恶，哪怕是他们以前很喜欢，或者至少并不讨厌的事情，都会让孩子们产生反感。一个孩子，不管他愿不愿意，你都吩咐要他每天在固定的时间去抽陀螺，让这项活动变成他的一项任务，使孩子每天从早到晚都得为此花费许多时间，照这样下去，你看他是不是要不了多久就会对任何游戏都感到厌烦呢？事实上，成人又何尝不是如此？本来是自己喜欢做的事情，一旦变成了一种职责，是不是也会很快就觉得厌倦，觉得难以忍受呢？孩子和有自尊的成人一样，他们也喜欢表露心迹，想表示自己是自由的，乐意让别人知道他们的良好行为是发自内心的，希望人们知道他们是绝对独立的。至于你心里怎么看待他们，那就随你吧。

74. 第二，所以说，就算是你已经让他们对某些事情产生了兴趣，但如果他们还没有自愿去做，那你也应该少让他们去做。有的人很喜欢读书、写作和音乐，但在某些时候他们对这些也会感到索然无味的，如果勉强去做，也不过是徒劳地自寻烦恼而已。

孩子也是一样。所以大人应该注意观察他们这种性情的变化，留心地抓住培养他们才能和爱好的有利时机。如果他们自己不能经常保持进取的精神，那就应该在安排任务之前跟他们交代清楚，让他们有个良好的心态。我觉得这对于一个做事谨慎、考虑周全的教师来说不是什么难事，因为他对孩子的习性已经有所研究，会想办法向其灌输一些合适的观念，使他能对当前所做的事情有所爱好，这没什么难的。采用这种办法，就能节省许多时间，减轻不少辛苦。因为孩子在兴致盎然的时候，学习效率要比平常高上两三倍，而勉强被迫去做则会花上双倍的时间和辛苦。如果这个道理能得到应有的注意，那么就可以让孩子去尽情游戏，玩累了之后，还能有充足的时间去学习各种年龄所能学习的东西。但是普通的教育方法对此并没引起注意，也很难去注意。建立在其他原则基础上的那种粗暴的棍棒教育没什么吸引人的力量，不懂得关注儿童特有的心情，也不懂得利用孩子有兴趣的机会。

的确，一方面，强制和鞭打已经让孩子对应做的事情产生了反感，另一方面又希望让孩子能自觉地停止游戏，高高兴兴地去学习，这是很可笑的。其实，事情只要安排得合理，不仅游戏可以作为学习之后的消遣，学习任何其他该学的东西也同样能作为游戏后的消遣。这两个方面所付出的辛劳是一样的。孩子们本来就是好动的，对于一些事情的变化和翻新的花样，他们自然也是喜欢的，并不怕辛苦。而且我们所谓的游戏其实只有一点好处，那就是能让孩子们自愿去做，就算累点他们也是心甘情愿的。（你可能会注意到，他们做游戏时是从来不惜气力的。）但他们所要学习的东西却是强加的，他们是被命令、被强制和被驱赶着去做的。这对他们来说，无异于当头一记棒喝。他们需要的是自由，所以要想办法让他们去请教教师，就像他们经常向游戏中的伙伴请教一样，而不是让教师吩咐他们去学习。这样一来，他们会觉得自己的学习是出于自愿，跟做别的事情没什么不同，就会同样高兴地去学习，而学习与各种游戏也就变得没什么分别了。这种办法如果能谨慎地运用，那么只要是你想让孩子学习的任何东西，就都能让他自愿地去学习了。我承认，最难的是引导第一个或年龄最大的孩子，不过一旦能把他引上正道，有他在前面带路，那其他孩子的教导也就不是什么难事儿了。

让孩子爱上学习的秘密

75. 无可置疑，学习任何东西的最佳时机就是在孩子们兴致高昂，有强烈的学习欲望的时候，那时他们的精神既不会消沉，也不会三心二意，不会因此在学习时觉得别扭和厌倦。但除此之外我们仍需要注意两件事情：

第一，如果这种时机没有被小心地把握住或者这种时机根本就不常有，你也不能因此就不想办法让孩子获得进步，放任他使其养成一种懒散的习惯，总是心不在焉，对什么都提不起兴趣。

第二，就算孩子心情不好或者心思放在了别的地方，对所学的东西学得不好，但仍然有件十分重要的并值得我们努力去做的事，那就是培养孩子的自控能力，让他对做得正起劲儿的事儿能够拿得起、放得下，毫不为难地甚至是高高兴兴地去做另外的事情。当理智要求他或别人指导他去做什么事情时，能摆脱懒惰的心情，精神百倍地投入其中。

要在孩子身上做到这一点，可以在他们懒散，不想做事或者是想做别的事情时试一试，指定一件事，让他们努力去完成。通过这种办法，如果能让孩子养成自我控制的习惯，在必要时候能放下原有的想法或事情，既不勉强、也不烦躁地去做新的、兴趣不是那么大的事情，那么，相对于拉丁文、逻辑学或通常要求孩子去学习的大多数东西来说，它在将来给孩子带来的好处都要大得多。

76. 儿童是比较活泼好动的，只要有事可做，就很满足很高兴，至于能做什么他们并不介意。如果来自外界的鼓励和阻碍都差不多，那么跳舞和跳格游戏在他们看来是没有什么不同的。对于我们要求他们学习的东西而言，一个很大的又是唯一的阻碍就是，他们是被吩咐去学的，学习成了他们的任务，并在相关问题上受到羞辱和责骂，使得他们战战兢兢。或者是他们本来愿意去做，但却让他们做得太久，使他们觉得很累，所有这些做法都过分地侵犯了被他们特别重视的、固有的自由。他们之所以喜欢那些日常的游戏并从中获得真正的快乐，都是因为自由的缘故。如果情况有所改变，你会发现，他们会很快改变自己的做法，尤其是当他们看见自己所尊重，自以为不如的人成为榜样的时候更会如此。如果让他们看见别人所做的事，那些事能够暗示他们那是年岁较大和地位较高的人的特权，那么，拥有野心，想要上进，与那些地位较高的人齐头并进的欲望就会促使他们去工作，使他们精神百倍、开开心心地前进了。这种快乐是由他们自己的欲望带来的，通过这种方式，他们获得了心爱的自由，这对他们而言是一种不小的鼓励。另外，如果还能在名誉方面让他们得到满足，我觉得其他那些促使他们用功的鞭策就没必要再多用了。我承认，为了达到这种目的，一开始的确需要忍耐、技巧、温和、关心以及小心谨慎。不过，如果事情没有那么劳心费神，又何必要请一位教师呢？一旦做到了这点，以后的其他事情，相对于任何严厉和专制的管教来说，就都会比较容易了。我觉得要做到这点并不难，只要孩子面前没有不好的榜样，我相信真的不难。我一直觉得，唯一较大的危险就是来自仆人和其他缺少教养的小孩以及那些坏人或蠢人。一方面，他们自己在孩子面前做出不良的榜样，另一方面又把孩子绝不应该得到的两样东西提供给他们，让他们因此受损，这两样东西我指的是邪恶的快乐和赞誉。

孩子犯错后该怎样对待

77.孩子不应该过多地受到棍棒的惩罚，所以我觉得经常责骂，尤其是震怒时的训斥，差不多也具有同样不好的结果。它会降低父母在子女心中的威信，减少子女对父母的尊敬。你应该还记得，他们在很小的时候就能区别愤怒与理智了。他们对出自理智的东西不能不尊重，但对震怒也会很快地给予轻视。而且就算震怒能在短期内慑服他们，但这种慑服的力量很快就会消失。这种没有理智、徒具外表的纸老虎，他们自然不会放在眼里。孩子只有在做了邪恶的事情时（这在他们幼小时是很少出现的），才值得父母去进行管教。当他们做错事时，只要稍微给点颜色就能让其改正。就算有时不得不责备几句，所说出的话也应该不失严肃、和蔼以及庄重。对于他们的过失到底有什么不好或者为什么不合适，应当对孩子进行说明，而不是急匆匆地教训他们几句了事。这样做，会让孩子搞不清你之所以生气，是针对他们的成分多些，还是针对过失的成分多。而且，震怒之下的训斥，其中难免会混杂一些粗暴不雅的语句，结果还会带来一个坏处，就是把骂人的话也教给了孩子，这就同时等于允许他们也去说。孩子们会觉得既然这些话是拜父母或师长所赐，那么使用它们就有了很好的依据，用到别人身上时也不会觉得羞耻或是有所顾虑了。

第五部分

78. 说到这里，我就料到有人会出来反对我，说孩子犯了过错既不能打，也不能骂，那还有什么办法呢？这样做不等于将约束所有混乱的缰绳放弃了吗？其实，只要从一开始就采用正当的方法去调教儿童的心灵，像我们前面所说的那样培养孩子对父母的敬畏之心，事情是不至于弄到这种地步的。经过长期观察后我们发现，如果孩子对鞭打所恐惧的只是鞭打本身或者是鞭打给肉体带来的痛苦，那么通过棍棒进行惩罚所获得的好处实在是没有多少。因为痛苦很快就会消失，孩子们对于它的记忆也会随之忘却。

不过仔细想想，有一种过错，也只有这种过错，我认为孩子是应该受到棍棒惩罚的，那就是顽固或者反抗。即使在这种情况下，我也主张在可能的范围内把鞭打造成的羞辱作为惩罚的主要部分，而不是鞭打所带来的痛苦。只有让孩子因为做错了事受到惩罚而感到羞耻，才是真正合乎德行的管教。如果孩子被打了却并不感到耻辱，那么棍棒所带来的痛苦是很容易消失，很容易被遗忘的，同时他很快就会由于习惯了挨打而使其失去作用。我知道，有一家名门贵族的孩子最怕被人脱掉鞋子，就像别的孩子害怕棍棒一样。在我看来，脱掉鞋子这类惩罚比鞭打要好。因为，如果你想要孩子具有一种真正坦诚的个性，那么他们所怕的应该是羞于犯错以及由犯错所导致的被人羞辱，而不是其他痛苦。但要对付顽固和反抗，应该诉诸武力，此外没什么别的办法。无论什么事情，如果你已经吩咐过要他去做或者别做，就一定要让他服从，不能让步，也不准反抗。如果你发出命令而他反抗，那就等于形成了一种你们暗自较劲争胜负的局面，此时你就一定要赢他。如果你使了眼色或者吩咐之后还没效果，那就不能顾惜任何鞭打了，除非你打算以后一直服从你的孩子。

我认识一位母亲，本人细心又和蔼，有一次就遇到了这样的事儿。她的小女儿刚从保姆那里回来，为了一件没什么大不了的事跟她发生了矛盾，她一定要让女儿服从，就在那天早上一连将女儿打了八次，才算克服了孩子的顽固气焰。如果她早一点松手，打到第七次就不再打了，那她就等于从此把孩子毁了，因为不彻底的打法只会增长孩子的傲气，以后很难矫正过来。但是她聪明地坚持下去了，直到这种惩罚和鞭打的唯一目的实现，也就是女儿内心的屈服，意志变得顺从。这样，在第一次较量中就完全树立起了威信，从此以后，无论什么事情，她的女儿就没有不马上服从的了。这是这位母亲第一次责打她的女儿，我相信也是最后一次。

孩子们在第一次受到鞭打带来的痛苦时，要等目的完全达到之后才能停止，否则还要慢慢加重。这种体罚的目的首先在于使孩子的内心服从，树立父母的威信。等威信树立后，就应采取一种严肃之中寓有和蔼的态度，把它永远保持下去。

我们如果仔细想想这个道理，就会比较谨慎地使用体罚和棍棒了，就不会再以为棍棒是一种安全的灵丹妙药，可以到处乱用了。的确，体罚如果不能产生良好的结果，那么就会产生很大的害处，它如果不能深入孩子的心灵，使其意志变得柔和，那就可能让犯事的孩子变得更加顽固。无论他因此受了多少鞭打之痛，都只会让他更钟情于这种顽固的脾气，因为这种顽固已经给他带来了胜利，他会因此而准备再去斗争，希望以后能再获得胜利。所以我相信，很多人本来是可以变得温良柔顺的，就是由于这错误的惩罚方法，结果反倒养成了倔强的脾气。因为，假如你在惩罚孩子的时候怒气冲冲的，好像目的就是为了报复他以往的过失，那么，本来是要改正他的内心的，可这样做究竟能起什么作用呢？如果孩子的过失里并没有顽固的个性或者故意的意思，那就根本用不着严厉的体罚。那些他们由于意志薄弱、疏忽健忘或粗心大意所造成的过失，来点和蔼的或者严肃的劝诫就足以改正了，他们所需要的外在的帮助，不过如此而已。但如果意志里含有冥顽不化的成分，含有有意的、有决心的反抗，那么惩罚的力度就不能根据他所犯的过失的大小，而应该看他对于父亲命令的尊重和服从情况。对父亲的命令，一定要坚持严格地执行，否则就要给予不断的鞭打，直到这种力量触及他的内心，让你能看出一种真正的忏悔、羞愧和自愿服从的表示为止。

当然，体罚不应该仅仅是，吩咐孩子去做一件事，一旦他们没有做或者做得不合我们的意，就来上一顿棍棒。我们还要谨慎注意和观察，要仔细研究孩子的性情，仔细衡量他们所犯的过错，之后才能决定是否要这样加以惩罚。这样做，相对于手里时刻拿着一根棍棒，把它当作管教孩子的唯一方法的做法，不是要好得多吗？不分场合地点地滥用棍棒，那么这个被认为是最后的有效方法到了必须使用的时候，岂不是就失去了它的效力？如果孩子每次犯了一点点小错，就不分青红皂白地进行鞭打，那除此之外还有什么方法可用呢？假如一个性情温和、勤奋上进的孩子查错了《圣经》的索引或者是写作文时用错了一两个字，就受到严厉的鞭打惩罚，跟一个顽劣的孩子故意犯错所受到的对待没什么两样，那这样的管教办法怎么能够对他的心理产生好的影响，使他走上正路呢？要知道，塑造孩子的心灵是我们唯一应当追求的事情，一旦心灵步入正轨，那么你所希望的其他一切事情也就会随之而来。

79. 孩子们的意志用错了方向，如果没必要改正，那么就用不着鞭打。至于其他的各种过失，只要心理没有问题，也不反抗父亲或教师的管束及威严，那就只是犯错而已，通常可以不必理会。即使需要理会，那么只要采用温和的劝告、指导和训诫等方法就足够了，除非他们三番五次地、故意地不当回事，这表明毛病出在心理上，不服从的根源在于其意志上的顽固。但我们一旦发现了这种顽劣，也就是公然地反抗时，就不能假装不知道或者是不去理会了，而一定要在它首次出现的时候就去加以克服和控制。只是有一点要注意，那就是不要弄错了，要确定它的确是顽劣，而不是别的。

80.不过，既然应该尽量避免惩罚，尤其是棍棒责打，那么我觉得这种情况还是少出现为好。孩子们只要具备我所提到的敬畏之心，则在大多数情况下只要使个眼色就足够了。而且，我们也不应指望年幼的孩子与年岁较大的人具有同样的举止，同样地严肃和努力。正如我所说，凡是和他们的年纪相符合的愚蠢幼稚的举动，都应该被许可，而不必加以理会。粗心大意，喜欢玩乐本来就是儿童时期的特性，所以我觉得我所说过的严厉办法不应该扩展到这种不合时宜的约束上来，孩子在年岁或性情方面的自然产物也不应该匆忙地解释为顽固不化或者是故意对抗。犯了这类过失的孩子们，我们应该把他们看作是天然的弱者，对他们进行扶持，帮助他们改正。经过提醒以后的那种弱点即使再次出现，也不能认为完全是因为不在意，而马上将其看做顽固不化。当然，因意志薄弱所产生的过失的确不应当忽视，不应当不闻不问，但除非这种过失含有故意的成分，否则绝不应该将事态扩大，给予过分严厉的斥责。而应当在时间和年岁所许可的范围内，用一种温和的方式把它们改正过来。

通过这种方法，孩子们就会明白一切过失当中主要的令人不快之处究竟是什么，从而学会避免那种行为。这样，就会鼓励他们保持正当的意志。他们会明白，正当的意志可以让自己不至于蒙受任何重大的不快，而其他一切弱点都会得到教师与父母的关心和帮助，而不是让他们生气和暴怒。只要别让孩子接近邪恶，养成邪恶的脾性，那么他们在各个年龄阶段的行为一般都会适合于当时的年岁以及他们平常交往的伙伴。而随着年龄的增长，他们也会变得越来越专心和努力。但你要保证所说的话始终具有分量和威信。不论什么时候，一旦你吩咐了不让他做某种幼稚的事情，你就一定要做到，不能让他占了上风。不过我仍然主张，除非孩子的行为有流于邪恶的倾向，除此之外，做父亲的人最好要少用权力，少下命令。而且，只要你能让孩子在一开始就服从你的意志，我觉得还可以有更好的方法能制服他们。毕竟在大多数时候，温和地讲一番道理，效果要好得多。

给孩子讲道理的必要性

81.我提到要对孩子说理，也许会使人觉得不解，但我不能不认为这才是对待他们的真正办法。孩子们到了会说话的年龄，就懂得道理了。如果我的观察不错的话，他们希望被人看作是具有理性的动物，应该比我们能想象到的年纪还要早。他们这种自尊的态度是值得珍惜的，我们也应该尽可能地利用这种态度，使其成为支配孩子的重要工具。

不过我所谓的说理，要以适合儿童的能力和理解力为限度。没有人会认为，我们应当把一个3岁或7岁的孩子当做成年人那样去和他进行辩论。长篇大论的说教和充满哲学意味的推理，充其量只会让孩子感到惊奇和迷惑，而并不能给他们提供真正意义上的教导。所以，我之所以说要以理性的态度来对待他们，意思是说，你的举止应当温和，即使在惩罚他们时，态度也要冷静，要让他们感觉到你的做法是合情合理的，对他们来说是有益的而且是必要的。要让他们觉得你之所以吩咐或者禁止他们去做某件事情，并不是随心所欲的心血来潮或者是异想天开，这是他们能够明白的。我认为，无论是什么应当遵循的德行，或者是应当避免的过错，都可以通过说理让他们信服，只不过所说的理一定要与他们的年岁和理解能力相符，并且始终要以简单明了的语言表达出来。

谈到责任的基础和是非的根源，即便是那些成人，那些不习惯根据通俗的理解来进行抽象思维的成人，要想让他们明白得彻底，也不是一件容易的事。那么对儿童来说，就更不能根据高深的原理来进行推理了，那些冗长的演绎，他们也根本感受不到。所以，要想用道理打动他们，道理就必须通俗易懂，能适合他们的思想水平，（如果我能这样说的话）而且应该能够被触摸到和被感觉到。不过，如果能考虑到他们的年龄、性情和爱好，那说服他们的动力就一定不会缺乏。要是他们犯了任何值得注意的过错，而又没有其他较为特殊的动力可以利用，只要让他们明白那种过失会令他们丧失名誉、蒙受耻辱，同时失掉你的欢心，那他们就可以幡然醒悟，并产生动力去阻止那种错误的发生了。

82. 在各种教导儿童以及培养他们文明礼貌的方法中，其中最简明、最容易而又最有效的办法是：把你要他们成为什么人或要他们避免成为什么人的榜样放在他们面前。在他们所熟知的范围内，你把这些榜样指给他们看，同时就这些榜样的美或丑发表一些自己的看法，那么，这些吸引或是阻止他们去模仿的榜样所带来的力量可要比任何说教都大。如果你能指导他们去观察，让他们看看别人行为中或优或劣的品质，那么，这些实际活动要比任何话语都更能使他们明白什么是德行，什么是邪恶。采用这种观察别人的办法，能让孩子清楚地了解良好教养的美好和不良教养的丑恶，同时也能让他对此有着更深刻的印象，这是任何规则或教导都做不到的。

这种方法不应仅仅在儿童很小的时候采用，而且，只要他们还要受别人的教导，就应该继续采用。不仅如此，我觉得只要做父亲的人觉得合适，任何时候他都可以将其当成一个最好的办法，去纠正他希望孩子改正的任何缺陷。要知道，没有什么比榜样能更温和而深刻地渗入人们的内心了。孩子无论是忽略了或者是自己陷入了什么坏事，一旦看见别人做了同样的事，他们是没有不厌恶，不为此感到羞愧的。

关于体罚要注意的问题

83. 关于棍棒体罚，大家也许会有疑问，作为一种最终的矫治手段，它在不得不使用的时候，应在什么时候，由谁来执行呢？是不是应该在孩子刚刚犯了错误，错误还历历在目时趁热打铁地立刻执行呢？父母是不是应当亲自责打孩子呢？

关于第一个问题，我觉得不应该在犯错误的当时立刻执行，因为担心是感情用事。如果这样的话，那么就算是棍棒使用得超过了应有的力度，它也很难发挥出应有的功效，因为孩子们也能看得出来我们是在感情用事。不过我在前面说过，只要能冷静地从父母的理智出发，就能发挥出最大的功效。这种区别，孩子们是能够分辨出来的。

其次，假如你有做事考虑周全的仆人，能够负担鞭打的责任，同时家里又有管教孩子的地方（如果你请了教师，这一点是无疑的），那么我认为，鞭打的命令应该由父母发出，进行鞭打责罚的时候父母也要在场监视，不过最好由别人去执行。这样既能保持父母的威信，而孩子们因蒙受痛苦所产生的怨恨也会转向执行鞭打的人。因为我觉得除非是万不得已，到了最后没有别的办法可想的时候，否则做父亲的人是不能去过多地鞭打孩子的。也只有到了那种时候，做父亲的才能亲自去执行，以免他很快就又忘了以前犯的错误。

84. 但我在前面说过，棍棒惩罚是在管教孩子方面最糟糕的一种方法，也是最后才能使用的方法，只有在极端的情况之下，所有比较温和的方法都试验过了，都不管用的时候才可以用。如果仔细观察你会发现，其实棍棒是很少能用得着的。因为，孩子即使会在某件事情上偶尔当面违抗父亲的命令，但并不见得会常常这样。做父亲的没必要通过严厉的规则，把自己的绝对权威用来干预孩子那幼稚的或无关紧要的行为，因为孩子在那里本应该享有自由。也没必要去干涉孩子的学习或进步，因为那根本用不着进行强迫。除此之外就只有邪恶的行为需要加以制止了，在这里，孩子有可能顽劣不堪，所以才用得着棍棒。因此说，一个能凡事考虑周到，能正确地对孩子进行教育的人，棍棒责打是极少有机会能用得上的。

但是，孩子在7岁以前，除了说谎或者做一些不好的恶作剧以外，还会有什么恶行竟会在父亲直接禁止以后，还三番五次地再犯，以致被认为是顽固不化而加以鞭打呢？如果邪恶的倾向在孩子刚刚有一点表现出来时就能得到正确的处理，在一开始出现时向他表示惊愕，如果以后再出现，父亲、教师以及所有左右亲近的人都能对他正颜厉色，给予责难，同时按照以前所说的对待名誉扫地的孩子的办法去对待他，直到他能明白自己的过错并为此感到羞愧，我觉得这样一来，其他的惩罚就都用不着了，鞭打也不会再有用武之地了。而棍棒惩罚之所以有必要采用，通常都是以往过于纵容、疏于管教的结果。如果邪恶的倾向在一开始就能受到注意，在孩子刚刚做了不规矩的事情时就能采用那些比较温和的方法将其纠正，那么我们每次所要对付的毛病是很少会超过一种以上的。那时我们很容易就能把它改正，用不着大嚷大叫，也不用棍棒那样的粗暴教育了。这样，这些毛病就会在刚冒头时被一个一个地全部铲除，它们出现过的痕迹或者是记忆也丝毫不会留下。但是我们如果对自己的小宝贝一味地纵容，让他们的过失滋生蔓延，一直到了根深蒂固、杂乱无章，连我们自己都为此感到羞愧不安，才不得不去使用犁耙的时候，铲锄就必须深入到过错的根蒂了。那时哪怕用尽气力，使出浑身解数，也很难清除那已满是杂草的苗地，获得收获丰硕果实的希望了。

85. 这种方法如果能被遵循，那就可以令父子双方都摆脱掉那种由于反复的训诫和要做某事、不能做某事这样繁杂的清规戒律所带来的种种麻烦。因为我认为，父亲所应该利用自己的权力进行指导的是那些会导致恶习的行为，就这些行为而言，在孩子没有犯之前，不用加以禁止。因为这种禁止是不合时宜的，即使不产生更坏的结果，至少也等于告诉了孩子，让他们觉得那些错误自己是会犯的。事实上，这种种过失如果孩子根本就不了解，可能会更加安全一些。

阻止这种过失的最好方法，我已经说过，就是在孩子的这种恶习刚刚出现时，立刻表示出一种诧异和惊愕。比如第一次发现他说了谎或者是做了恶作剧，最开始的处理方法应该是把它看成一件奇怪得不可思议的事，说想不到他居然会做出这种事，以此让他觉得羞愧不已而不再做类似的事。

86. 有人很可能会提出异议说，无论我觉得孩子怎样容易管教，利用羞辱和赞美的温和办法怎样有效，事实上还是有许多孩子，要是没有棍棒的鞭策，他们是绝对不肯自觉地读书，去学习他们应该学习的事物的。我想，这里所指的恐怕只是一般学校所教的流行的语文教学，它们从来没有尝试过别的方法，而别的方法实际上是可以尝试的。否则，为什么孩子学习拉丁文和希腊文的时候需要教鞭鞭策，而学习法文和意大利文时却用不着呢？孩子们学习舞蹈和击剑都不用教鞭，学习算术和画画等，他们也能很自觉地用功，用不着教鞭。这就不能不令人怀疑，文法学校里所教的东西或者所用的教学方法，确实是有不适合孩子年龄特点的地方，使得孩子不爱学习，除非有教鞭的鞭策，而且即使在鞭策之下学得也很勉强。所以，认为只有棍棒才能让孩子去学这些语言的说法，本身就是一种错误。

87. 我们应该承认，世界上孩子的脾气各种各样，即使可以假定有些孩子的确是懒散或者散漫的，没办法用我所主张的温和方法使他们去学习，但也不能因此就得出结论说，所有的孩子都得用粗暴的棍棒教育去进行管理。而且，在比较温和的方法没有完全实施以前，我们也不能就下结论，断定某个孩子是不能用比较温和的方法去管教的。万一温和办法真的不能让孩子去努力地做他本能做到的事情，那么对于这种顽固不化的孩子我们也不会放任自流。对于这种孩子，棍棒体罚是一种正当的纠正办法，但鞭打的方式应当与通常的有所区别。对于故意不去读书，面对父亲正式、严肃的命令仍然顽固不堪，不去做力所能及的事情的孩子，不能因为他没有听话就狠狠地打两三下完事，等他以后又几次三番因为同样的过失犯错时再反复给予同样的惩罚。我觉得，当孩子明显地表现出故意不从的样子、不得不使用棍棒的时候，鞭打的力度应该更稳重、更严厉一些，打的时间要长一点，同时要一边打一边教训，直到能从孩子的表情、声调和屈服中看出责打给他的内心带来了变化，不只是感到了痛苦，而是真正认识到了自己所犯的错误，并且有真挚的悔恨，这时才可以停止。如果这种惩罚的方法经过适当的间隔后又进行过几次，并且相当严厉，同时父亲一直很明显地表现出不高兴的样子，却依然没有效果，不能触动他的内心，使他日后变得听话，那么鞭打又有什么用处呢？我们又何必再用这一方法呢？

鞭打如果不能产生良好的效果，它就不像是出于一位富有同情心的朋友的善意，而像是出于一个被激怒的敌人的愤怒了。这样的惩罚只会惹人恼火，却不会有丝毫使人改进的希望。如果有个父亲不幸有了这样一个顽劣不堪的孩子，那么除了替孩子祈祷以外我真想不出还有什么办法了。不过我始终觉得，如果从一开始就能用合理的方法来教育孩子，那么，这样的孩子毕竟还是不多见的。就算是真有这样的情况，我们也不能以此推断这是教育的通则，能用在那些本性比较善良，可以采用较好的办法去进行管理的孩子身上。

家庭教师的作用以及相关问题

88.如果你能得到这样一个家庭教师，他能把自己放在父亲的位置上，担当起教育孩子的职责，喜欢从事相关的工作，并且从一开始就能努力地付诸实践，那么他以后就会发现自己的工作是十分轻松的。而你的孩子在学习和修养两方面，我认为会在短时间内取得令人意想不到的成绩。然而，如果没有得到你的允许和指导，他在任何时候都不能打孩子。除非等到你积累了经验，摸清了他的脾气，确定他是一个严谨小心的人才行。不过，为了保持教师在学生心中的威信，你要为他保守他没有责打的权力这个秘密，除此之外你自己对他也要十分尊敬，并且要让全家的人也都尊敬他，因为你不能指望你的孩子会去尊重一个被自己的父母或他人所轻视的人。如果你觉得他应该受到轻视，那你就是选错了人。假如你对他表现出任何一点轻视，那么，他也难逃你孩子的轻视。结果就会导致，无论教师本身具有多大价值，他在教育方面具有怎样出色的能力，但在孩子心中这些全都不复存在，而且以后他对孩子也不会有任何用处了。

89.做父亲的要以身作则，教导孩子要尊敬教师，教师也要以身作则，教育孩子去做他希望孩子做的事情。教师的行为千万不要违背自己的准则，除非他有意让孩子变坏。教师如果自己放纵情感，那么教育孩子克制情绪就是徒劳无益的。教师如果自己行为不端，举止无礼，那么要纠正孩子的恶习和无礼行为的努力就会是白费力气。

相对于良好的规则，坏的榜样的确更容易被接受，所以要时刻小心，不让孩子受到不良榜样的影响，尤其是仆人的榜样，这是所有榜样中最危险的。不要让孩子接近仆人，但不要采取禁止的方式，而应该采取我所说过的其他方法，因为禁止反而会让孩子更想去接近他们。

90. 我现在要说的，在整个教育工作中恐怕是极少听到，也是最难得到很好遵守的，那就是，从孩子刚能说话的那一刻起，身边就要有个谨慎、清醒，甚至是富有智慧的人来照顾他们，任务是把孩子领上正道，远离一切坏事，尤其是避免他们受到不良伙伴的影响。在我看来，这种工作需要很大的清醒、忍耐以及温和、勤劳、谨慎等种种品性。能具有这种种品性于一身的人也很难用通常的薪水请到，这种人也是不容易找到的。至于请人的费用，我觉得这是最值得花在孩子身上的一笔钱，所以，即使比通常所花的多一些，也不能算贵。把钱花在这些地方，使孩子具有善良的心地，有德行、有能力，同时又有礼貌和良好的教养，要比拿这些钱为子女购置田地更有价值。

在玩具、绸缎、丝带、花边以及其他各种没什么用的花费上，你尽可以多省点钱，但在这种必要的开销上是不能节省的。让孩子物质充裕而精神贫乏，那可不是优良的治家之道。我常常十分惊奇地看到有些人大肆挥霍，让孩子享受华丽的服饰，豪宅大院和山珍海味，以及雇用超出他们所需的没用的仆人，同时却让他们的精神遭受饥饿，对于令他们感到羞愧的本性中的错误倾向和无知，也不注意去加以掩饰。这些做法在我看来，只是为了满足自己的虚荣心而付出的代价，表现出的只是这些人对自己的炫耀，而不是真正地关心子女。

相反，只要是为了孩子精神上的利益所做的事，都可以认为是你对他的真正慈爱，就算是因此而减少了留给他的财产也没什么关系。一个聪明善良的人，无论是在别人的心目中还是在事实上，都很少不被认为是伟大和幸福的。但是一个愚蠢或邪恶的人，无论你给他留了多少财产，他仍然是既不伟大也不幸福的。我想请问，世上有没有这样的人，使得你宁愿孩子每年收入五百英镑，也要成为这样的人，而不愿让他成为你所知道的某些人，即使他们每年收入五千英镑。

91. 因此，对于有经济能力的人来说，支付雇用教师的费用应该不成问题。最大的问题在于，到哪里去找一个合适的人。年龄较小、能力和德行较差的人不适宜担任这种工作，而年龄较大、能力和德行较好的人又不容易请来担任这种工作。所以你应当尽早去四处求访，因为世上有着各种各样的人。我记得蒙田在他的一篇文章里说过，当博学的卡斯特利奥[①]为了免除饥饿的困苦，不得不到巴塞尔去制作木盘时，蒙田的父亲正要为自己的孩子聘请这样一位教师，花多少钱都无所谓。而卡斯特利奥想来也一定愿意以合理的条件接受这种聘请，可惜的是彼此不通消息。

92. 如果你觉得很难遇到这样一位我们所期盼的教师，也不必为此困惑。我只能建议你，要竭尽全力，不惜代价，想办法找到这样一位教师，因为一切事物都是只有这样才能得到的。我敢保证，如果你能得到一个好的教师，你一定不会后悔为此所花的金钱，而会永远觉得在你所花的金钱中，这笔钱是花得最值的。

不过你要注意，请教师千万不要单凭友谊或者是作为善举，也不能信赖大力的推荐。而且，一个人如果只具有严谨的声誉和丰富的学识（我们通常对于一个教师的要求不过如此），还是不够资格为你做事的。你在为孩子选择教师时，要有一种为他选择配偶似的好奇心，要谨慎行事。不要想着试试而已，试得不好以后再换，这种试一试的办法对你来说很不合适，而且会给你的孩子带来更大的麻烦。我在这里说了半天要你谨慎行事的种种建议时，看起来好像是我在劝你去做一件我想做而没有做成的事情，但事实上，关于怎样正确地聘请老师是一件多么重

---

① 卡斯特利奥：法国的传道士和神学家，也是16世纪宗教自由及良心自由的主要倡导者。一生提倡宗教容忍，尤其驳斥政府对不奉国教者的驱逐行为。

要的事情，许多人，即便是那些自荐去做教师的人，对于教师的职务又是多么不明白，甚至是自己想做教师的人也一样。大家只要想想这些，也许就会理解我的想法了，就会认为，适合于教育年轻的绅士和塑造具有年轻绅士的精神的人不是到处都可以找到的，选择这样的人要比平常多费很多心思，否则你的目的就很难达到。

培养有教养的孩子

93. 我在前面说过，人们都希望教师具有严谨的作风和学者的品格。一般认为这样就够了，通常家长们所要求的也不过如此。但是如果有这样一个人把自己从大学里学来的拉丁文和逻辑学等知识全都灌输给他的学生之后，这种装饰难道就能让学生变成一个优雅的绅士吗？难道就能期望，学生会变得比年轻的教师更有教养、更会为人处世，在真正的德行与豁达方面具有更好的基础吗？

要想把一个年轻的绅士培养成他应当具有的样子，教师自己就应当具有良好的教养，懂得礼仪，无论在何时何地跟什么人打交道，都有合适的言行举止和礼貌，同时还要让学生在年龄所要求的范围内尽量予以遵守。这是一种技巧，不是能教出来的，也不是从课本中得来的。除了优秀的伙伴和孩子自己的观察以外，没有什么办法能获得这种技巧。

孩子的衣服可以由裁缝做得很时尚合体，孩子的动作也可以通过舞蹈教师调教得很优雅，但这些东西虽然可以让外表看起来很风光体面，却没有一样能够让他变成一个具有良好教养的绅士。而且，就算他还具有学问，那也是不够的，因为学问如果处理得不好，反而可以使他在与别人交往的时候更加无礼，令人更加难受。

教养是在他所有其他的美德之上加上的一层润泽，使这些美德具有效用，为他获得与之接近的周围人们的尊重和好感。没有良好的教养，其他一切成就都会被人看成是骄傲、自负、无用和愚蠢。

在没有教养的人身上，就算是勇敢，也带有野蛮的色彩，也必然会被别人看成是野蛮。有学问变成了卖弄，才智变成了滑稽，直率变成了粗俗，温顺变成了谄媚。没有了教养，无论什么美德在他身上都会变样，反而对美德的拥有者没有好处。就算是德行和才能得到了应有的赞誉，也不足以做到人见人爱，到处受到大家的欢迎。没有人喜欢未经琢磨的钻石，因为这种钻石即使戴了也显不出高雅。但是一经琢磨，加以镶嵌之后，它们就光彩熠熠了。

美德是精神上的宝藏，能让其焕发出光彩的就是良好的教养。一个人要想受到大家的欢迎，他的行动就不仅要有力量，而且要优美。当然光有力量是不够的，就算有用也无济于事，还必须优雅，这样才能光彩潇洒，惹人喜爱。

在大多数情况下，对于所做的事来说，做事的态度对事情产生的影响要大得多。人们之所以感到满意或是厌恶，也取决于态度。这不光是指见了人要脱帽致礼或是问好，而是说要衡量对方的人品。在当时的情况下，一切言谈、表情、动作、姿态和所处的位置等，都要做得镇定自如、落落大方，这些东西是只有通过习惯和实践才能学会的。尽管这些超出了孩子的能力，年幼的他们也不应该为此受到烦扰，但也要及早开始培养。在有教师管教，还没独立进入社会之前，就应当开始学习这些东西，而且要学到一定的程度。因为小事情上的一些习惯性的粗俗的言行，到了步入社会后再去改正，通常就为时已晚了。一个人的言行举止只有到了习惯成自然的时候，才能做得恰如其分，就像技艺高超的音乐家，指端所触，不必用心，也不必思索，曲调自然倾泻流淌。如果一个人在与人交往的时候，内心还要时刻警惕自己的某一部分行为，那么，他的行为就会表现得很勉强，不自然、不优雅，也就得不到行为上的支持和帮助了。

良好的教养最需要由教导孩子的人去调教养成，因为这方面的错误虽然在最开始时就会被别人发现，但到最后才能传到本人的耳朵里。一般人特别热衷于对这种错误进行非议，但当事者本人却可能永远都听不到这种非议，他不能从别人的评判那里有所获益，也不能通过别人的批评来得到改进。的确，这方面是很难开口的，就算是朋友之间，希望对方能改正错误，通常也不好明说，不敢告诉自己所爱的朋友，说他们在某件事上显得缺少教养。要是别的方面的错误，一般还可以客客气气地告诉别人，要别人改正。这没什么大碍，也不损害友谊，但教养方面的错误，一般连提都不能提，哪怕是暗示，也是不合礼仪的。能告诉他没有教养的，只能是那些有权管教他的人。而对于成人，即使是有权管教他们的人对此也会难以启齿，因为就算说了也不会中听。

对入世不深的人来说，无论这种批评有多委婉，听了也终归是不高兴的。所以说，在让孩子具有良好教养这方面，应当由教师集中精神给予关注，他应该在孩子脱离他的教育之前，竭尽全力让孩子在言谈举止方面养成一种温和良顺、优雅谦逊的习惯，使他在以后没有时间，也没有心情去接受，或者是没有适当的人来给他这种教育的时候，他在这方面也可以不需要他人的劝诫。

所以，为人师表的人首先自己就要具有良好的教养。一个年轻的绅士从教师那里获得了这种美德，以后就会得到很多益处，他会发现，凭着这个优点，自己的前进道路会更宽广，朋友也会更多，在这个世界上所获得的成就也会更高，这些要远远超过他从文科教育或教师那渊博的百科全书中所学到的困难字句或真正的知识。当然我们并不是说那些字句和知识可以被忽视，而是说不能把它们看得比教养更重要，甚至是因此把教养排挤掉。

第六部分

教师应具有的素养

94. 教师除了要具有良好的教养外，还要熟知人情百态，他应该懂得他所处时代尤其是他本国人的行为、脾性、愚昧、骗术和不足。当学生到了能够明白这些事情的时候，他应该能将其告诉学生。他应该教学生学会识人、看人，把人们的各种假面具向学生揭穿，使学生能看出其中隐藏的真相，免得他像一般没有经验的年轻人那样，如果没有人在旁边提醒，就会以黑为白，以貌取人，从表面就对事情下定论；没有他人的提醒，举止就不优雅；不到万不得已，就不会自觉努力。做教师的要教导学生，使学生懂得如何去揣度和防备不得不与其打交道的人的图谋，对人既不能过于怀疑，也不能太过轻信。由于年轻人的本性就是很容易走极端，不是过于多疑就是过于轻信，所以教师就应当把它改正过来。

人们在一些小事上的表现通常最能暴露出其本来面目和内心状况，总会有一些迹象流露出来容易让人揣测，尤其是当他们不故意做作，不加提防的时候，所以教师应该让学生习惯于尽可能地根据这些迹象对别人作出正确的判断。他应该让学生熟悉人情的真实状况，评价一个人时，要与实际情况相差不多，既不过高也不过低，既不把人看得太聪明，也不把人看得太愚蠢。这样，他就可以安然无恙地、不知不觉地由一个孩子长成一个大人。

在整个人生旅途中，这是个最危险的阶段，所以应当格外小心，要特别用心地帮助年轻人度过这一关。不能像现在通常的做法那样，让孩子离开教师的指导，一下子就将其抛入社会，一切全靠自己。这样做，堕落的危险很明显就会出现。年轻人一旦脱离严格的管教之后，很快就会变得挥霍放荡，无所不为。这种事例可是屡见不鲜的。

究其缘由，我觉得主要就在于教育方式的不得当，尤其是在人情世故这方面。他们是在对外部世界的真实面貌浑然不知的情况下养大的，一旦步入社会，才发现世间的情形与教师所教的理想状况完全不同于自己的想象。于是他们很容易就会被必然遇到的另外一种教师所说服，那种教师让他们知道自己以前所受的约束和管教只不过是教育的一种形式，目的是束缚孩子。还让他们知道成人是有自由的，所以他们以前被禁止去享受的事物现在可以尽情地享受。这种教师让那些涉世不深的年轻人看到，世界上到处充满了这类时髦辉煌的榜样，而年轻人到了这时，很快就会神魂颠倒，难以把持了。我的小主人也和其他同龄的纨绔子弟一样，为了证明自己是个成人，就会抛弃一切规则，去过一种最放荡不羁的生活。以前他是那样谦逊端庄，现在则让这种美德消失殆尽，以此来博取名誉，并显示自己的男子汉气概。他刚开始独立，就去反对先前教师教给他的所有关于德行的规则，还以为那就是有勇气。

我认为，预防这种弊端的最好方法就是，在他踏入社会以前，就把社会的真实情况告诉他，要不断地有人告诉他各种流行的邪恶，使他得到警告，明白有些人会专门败坏他以及知晓他们的做法和图谋，还要懂得那种人所用的手段和所设的圈套。此外还要经常告诉他一些世上正在这样或已经这样堕落的人那可悲可笑的事。这样的事在这个时代并不少见，它们都能用作前车之鉴，使他看到那些原本很有希望的年轻人由于这样的堕落，弄得名誉扫地、疾病缠身、穷困潦倒，让人轻视，从而引起他的警惕，并且让他明白，对堕落的年轻人瞧不起，不去理睬的人其实就是那些扮成朋友，假装敬重他们，却诱使他们堕落的人，这些人在他们堕落之时甚至还会趁火打劫，欺负他们。这就可以让他不用付出昂贵的代价以获得经验就能明白，那些人之所以劝他放弃教师所给的严正训诫，舍弃自己的理性原则，说那是束缚人的，其真实目的只不过是想让他们自己来控制而已。他们使他相信，自己已经是个成人了，可以自主寻求属于自己的快乐，而实际上他还完全是个孩子，只是被引诱着去做那些对他们最有利的坏事。这种知识，教师应该随时给孩子进行灌输，要用尽一切方法使他们理解并牢记于心。

我知道人们常常认为，让年轻人知道各种当代的邪恶就等于把那些东西教给他。我承认，就实际情况而言，这种看法在很大程度上是正确的，所以才需要一个有才干的谨慎的教师，他了解世态人情，能够判断学生的脾性、喜好和弱点。此外还应当记住，在当下这个时代（以前也许同样如此），要让一个年轻的绅士对邪恶的事情完全不知道，以免沾染上是不可能的，除非你要把他一辈子都关在密室里，永远都不和别人来往。他这样被囚禁的时间越长，一旦走到光天化日之下的时候，就会越看不清楚外面的事物，就越容易成为自己和他人的牺牲品。当一个看起来端庄又可爱的大孩子初次露面的时候，一定会吸引全城鸟儿的目光，对着他叽叽喳喳地议论，其中不免有些凶禽猛鸟，很快就会向他展翅飞去。

对于人世的唯一防备，就是要彻底掌握相关的知识，一个年轻的绅士应当在他的能力范围内逐步走向社会，而且要越早越好，这样就能得到安全可靠的、有能力的人的指导。场景的帷幕应该慢慢地拉开，让他一步一步地走进场内，在他周围遍布着从各种地位、各种气质、各种图谋和各种小团体的人那里出现的危险，对此也要给予指点。他应该预备着遭受一部分人的打击，获得另一部分人的爱护，还应该事先得到提醒，知道什么人会反对他，什么人会误导他，什么人会陷害他，什么人会为他效力。应该对他进行教导，使他明白应怎样去了解他们、分辨他们，知道在什么地方应该让别人看见，知道在什么时候要对别人以及他的目的和图谋假装不知道。如果他对自己的能力过分相信而轻率地去冒险，那么，让他时不时地受些挫折，吃点苦头，只要不致对他的清白、健康或名誉造成损害，也不失为是教他处世更加谨慎的一个好办法。

我承认，这里面包含着相当大的智慧，可不是通过简单地思考或是多读一些书就可以得到的，而是一个人睁大双眼生活在这个世界上，与各种各样的人打交道，积累了经验并观察的结果。所以我认为，最值得做的事就是利用一切机会去把它教给年轻人，使他在今后置身于茫茫人海中时不至于像那些在海上迷失了航线、失落了罗盘或航海图的航海家那样，他会事先注意到暗礁、浅滩、急流和流沙的所在，再加上又懂得一点驾驭的技术，这样在获得经验之前就不会遭遇没顶之灾。

相对于语言文字和通常学者所学的科学，一个人如果觉得这种知识对他的孩子来说没有那么重要，也完全不需要一个教师的指导，那他就是忘记了：正确地判断人，让自己与别人聪明地相处，其好处要比会说希腊文和拉丁文或者是与人辩论时显得得体要大得多，也比将子女的脑袋塞满自然哲学和形而上学的深奥理论有用得多。对一个绅士来说，与其做一个良好的逍遥学派①或是笛卡尔学派的学者，倒不如做个精通希腊、罗马的作家，因为那些古代作家对于人类的观察和描写还是相当成功的。凡是到过亚洲东部的人，都能发现一些能力出众而又可亲近的人物，他们并不具备以上所说的任何一种学识，然而一个人如果缺少德行，不懂人情世故，没有礼貌，却还拥有成就，那在哪里都是找不到的。

现在欧洲学校所通常流行的大部分学问和教育内容，绝大部分都是一个绅士所不需要的。没有这些学问，既不会对他自己造成任何重大的损失，也不会妨碍他的事业，但是稳重和良好的教养却是在人生的历程当中不可缺少的。大多数年轻人都因为在这方面不注意或缺乏教养而吃

---

① 逍遥学派：古希腊哲学家亚里士多德创立，又称亚里士多德学派。公元前335年亚里士多德在雅典的吕克昂建立了一所学院，这里有一小树林和许多可供散步的林荫道，亚里士多德喜欢在这里和学生散步、讲课和讨论学问，所以被称为逍遥学派。

了苦头，也正是因为这个原因，他们在进入社会时，在为人处世方面显得比较生疏笨拙。

这些品性本来是最应该进行教导的，也最应该得到教师的帮助，可是大家通常都不重视它们，把这些看成是教师本职工作当中不重要的部分，甚至认为那根本不是教师的份内事。大家嚷嚷的只是拉丁文和学问，最看重的是让学生精通那些原本大部分并不属于一个绅士所应当精通的事情。对一个绅士来说，需要的是事业家的知识以及合乎其身份的行为举止，是要能在自己的位置上成为对祖国有用的杰出人才。

一个人如果还有多余的时间，或者经过教师的初步指点之后能有兴趣继续钻研某一门学问，那么，既然他之前在那门学问上已经学到了一些基本知识，那就等于已经为他奠定了足够的基础，使他能够凭借自己的勤奋努力，达到自己理想中的或者是能力允许范围内的目的了。如果他觉得在学习中遇到某些困难时，通过借助于老师的帮助能够克服困难并节省些时间和精力，那么他到时候也完全可以找一个对付那些困难特别有办法的人，或者是去选一个他认为最合适的人。至于让学生学习那些年轻人在日常不能不学的任何学问，教师只要具有一般的能力技巧就够了。

做教师的人不一定要是个完完全全的学者，那些只需要年轻绅士略知一二或者是所费精力不多的学科，也不必要求他全部精通。一个绅士要想进行更深入的钻研，那只有在以后凭借自己的天才和努力，因为没有一个具有高深的学问或是科学领域的杰出人物是在教师的约束和规范之下成才的。

教师工作的重要任务在于塑造学生的行为，培养学生的心智，使学生养成良好的习惯，拥有德行与智慧的原则。在于将人世的真实情况一点一滴地展示给学生，使学生能喜爱并且模仿那些良好的、值得被人称颂的行为。当学生正在进行这样的行为时，要给予力量和鼓励，这样做的目的在于培养学生的活力、积极主动的精神和勤奋不懈的品质。他之所以要学生去勤奋用功，目的就在于锻炼学生的能力，利用学生的时间，免得他无所事事、游手好闲，并借此教他努力，使他习惯于吃点苦，让他尝尝通过努力所获得的好处。因为，谁会希望一个年轻的绅士在教师的管教之下成为一个有成就的批评家、演说家或是逻辑学家呢？谁会期望他去深入地钻研形而上学、自然哲学或者数学呢？谁会期望他成为一个历史学或者是年代学的大师呢？当然，这种种学问他都应该学一点，但其目的只在于给他开启一个门缝，让他看看里面的情形，了解一点情况，而不是让他长久地停留在那里。如果教师让学生在那里停留得太久或者是钻研得太深，反而会大受责难。然而，良好的教养、关于人情世故的知识、德行、勤奋以及对于名誉的爱好，对学生来说是越多越好的。如果具备了所有这些优点，他在另一方面所需要或所希望的东西也就不至于那么迫切了。

我们既然不能希望学生有时间和精力去学习所有的事物，那么他的主要精力就应当用在最需要去学习的事情上面。而他在世上最有用、最常用的事物，也就是他应主要追求的东西。

塞涅卡抱怨过他那个时代的相反做法，但在他那个时代，还不像现在这样到处都是博格斯蒂西斯和斯彻博勒的作品。如果塞涅卡生活在现在，看到一般的教师认为自己最大的任务就是用这种作家的作品来填充学生的功课和头脑，真不知他会有什么感想。相信他一定会更有理由去说，我们学习不是为了教他们生活，而是为了学校；我们学习不是为了生活，而是为了辩论。我们所受的教育只是为了让我们适应大学生活，而不是社会生活。

不过，这种风气的创立者让风气适合于他们自己的行为而不去适合学生的需要，这并没什么可奇怪的。无论是在这件事情上还是别的事情上都一样，风气一旦形成后就会流行一时，谁能说这有什么稀奇呢？这种风气越被大家所接受，就越能给其中某些人带来利益，要是有人背叛了这种风气，那么这些人中的大多数人就会立刻叫嚷着说那是异端邪说，这又有什么奇怪的呢？

奇怪的是，那些有地位、有才能的人居然也被习俗和绝对的信念深深地带入了歧路。如果他们问问理智，理智便会告诉他们，孩子的时间应该用来学习那些将来长大以后对自己有用的东西，而不是用来把头脑填满许多废物，那些废物中的大部分他们通常是这一生都绝不会再去考虑的（当然也不需要再去考虑）。如果有所保留，那只能给他们带来坏处，这是众所周知的道理。所以我要请那些花钱让孩子去学习这种废物的父母们想一想，当他们的孩子踏入社会时，身上带着那种受过此类教育的痕迹，是不是有些可笑呢？当他们在社交场合表现出了这种痕迹，是不是会降低他们的身份，使他们丢脸呢？人们在最需要表现自己的才华和修养时（因不具备）而感到羞愧的东西，才是真正令人羡慕的，值得成为教育的一部分内容。

还有一个理由也可以说明具有礼貌的举止并且熟知人情世故为什么是教师所最应当具备的素质。因为一个上了年纪而有才干的人，哪怕自己对任何方面的科学知识都没有什么深入的研究，但也能够引领学生进行这方面的工作。因为这方面的书籍可以给他指引，使他能够去领导一个年轻的追随者。但如果他本人对于人情世故，尤其是对于礼仪教养方面有所欠缺的话，那么他是绝不能够让初学者获得这些知识的。

这种知识教师自身必须要具备，并通过应用与交际以及在最优秀的社交团体观察到的行为规则来长期地塑造自己，使这种知识成为自身的一部分。如果他自己没有这种知识，那是无法从别的地方借来以供学生使用的。就算他能从书本上找到一些相关的论文，里面详细地谈到了一个英国绅士应有的种种行为，但如果他自身没有良好的教养，那么自己的不良榜样就会毁掉他的全部训诫。

任何一个从粗野的、缺少教养的圈子中成长起来的人，是不可能成为一个具有优雅的行为举止的人的。

我这样说并不意味着这种具有良好教养并且熟知人情世故的教师每天都可以遇到，或是用一般的薪水就可以请得来。我的意思是说，那些有能力的人在这样关系重大的事情上就不要怕去寻访，也不要吝惜金钱。而那些不能付出更多薪水的父母们也应当记住，他们在选择教师教育自己的孩子时，要睁大眼睛，知道最应当关注的东西是什么。当孩子是由自己照管，跟在自己身边时，要知道自己在什么地方最应当注意检点，不要以为全部的教育就只集中在拉丁文和法文或者是枯燥无味的逻辑和哲学体系里。

家长对孩子应采取的正确态度

95. 再回过头来谈我们的方法。我虽然提到过，父亲的声色俱厉，让孩子从小时起就形成的敬畏，是教育孩子的一个主要工具，但我的意思并不是说，当孩子还处在学生时期，就要长此以往在受管教的时候对他们用这种办法。我觉得当他们慢慢长大，做事谨慎小心，行为又比较良好时，这种办法就应当尽快放松。而且等孩子长大，能够和他亲近的时候，做父亲的还要进一步跟他亲切地交谈，甚至对一些他所知道或所了解的事情，可以征求他的意见，和他商量商量。

这样，做父亲的人可以得到两大好处。一个好处是，这样做能让孩子更好地进行认真的思考，这比给他定任何规则或进行劝告都好。你越早把他当作一个成人来看待，他就会越早地变成一个成人。假如你有时能让他和你认真谈谈，他就能在不知不觉中让思想获得提升，不再关注年轻人通常所爱好的娱乐，也不会在那些一般会浪费精力的小事上用心了。因为很显然，有许多年轻人，就是由于父母跟他们保持着一定的距离，把他们当作小孩子来对待，所以他们的思想和交流就总是停留在较低的水平上，像小学生一样。

96. 用这种方式来对待他，还能得到的另一个更大的好处就是他对你的友谊。

有很多做父亲的人，虽然也根据孩子的年龄和实际情况，酌量给他们一些自由，但是从不把自己的财产和心事告诉孩子，就好像不把国家的秘密泄露给间谍或敌人一样。这种态度即使不像是一种嫉妒，但也不是父亲对孩子应有的和蔼亲切的表现，它无疑会令孩子在与父亲交谈或依赖父亲时，经常缺少或减少应有的愉快和满意。我常看到许多做父亲的尽管非常爱自己的孩子，却终生都是一副生硬的态度，总是一副威严的样子，跟他们保持距离，就好像自己在世的时候一定不能从他们最心爱的孩子身上得到任何快乐或安慰似的，我真是不能不感到奇怪。建立和巩固友谊与善意的最好方法，再没有比相互信赖地闲谈心事和家常更好的了。没有了这一点，其余的友爱总是难免会留有一些疑忌。但是当孩子看到你向他敞开了心扉，发觉你要留给他的东西终会到他手里，你的事情也愿意让他参与了，那么，他就会开始关心你的事情，就像关心他自己的事情那样。既然你没把他当成外人那样保持距离，他就会在爱你的同时耐心地等待自己的机会。这样做还会让他明白，你在享有自己所有的同时并不是没有关爱之心的。他越是能感觉到这一点，对你的所有就越不会嫉妒，还会越发觉得，有这样一个合意的朋友和谨慎的父亲照管自己，是很幸福的。年轻人有了这样一个可靠的朋友，遇事可以依靠，可以随时商量，要是还不感到高兴，那这种没有思想、没有知识的人，在世界上也是少有的。

做父亲的如果对孩子过于冷淡，与其保持距离，那就经常会让孩子失去保护，这种保护对孩子来说要比上百次的责骂更有益处得多。你的孩子如果想要嬉戏玩耍或者来点奇思异想，他这样做的时候，让你知晓难道不比不让你知晓要好得多吗？既然这类事情年轻人是应当做的，那么你对他的谋略知道得越多，就越有能力去阻止他犯重大的过失。你可以让他看到他这样做有可能产生的后果，以正确的方式去让他避免较小的麻烦。

再者说，你难道不愿意让他向你敞开心扉，征求你的意见吗？那你首先就要这样去对待他，用你的行为去获取他的信赖。

97. 但是，无论他向你请教什么事情，除非那事情不会导致一些致命的无可挽救的重大过失，你才可以以一个有较多经验的朋友的身份出现，对他提出建议。但你的意见中不要掺入命令或权威的成分，也不要与你对一个平等的人或一个陌生人的态度有什么不同，否则他以后就不会再向你请教，也不会再从你的指导中获得好处了。

你一定要考虑到，他是一个年轻人，他有你曾经有过的快乐和幻想。你不能指望他的爱好要跟你的一样，也不要指望他20岁的时候就要具有你在50岁时才有的思想。你所能够指望的只是，既然年轻人要有一点自由，一些放纵，那么这点自由和放纵或许可以与孩子的足智多谋一起处于父亲的眼皮底下，从而不会产生什么大的危害。要达到这一点，我之前说过，是（当你发现他有了能力的时候）跟他谈谈你自己的事情，亲切地对他聊聊，咨询下他的意见，当他的意见正确时，就按他说的去做。如果做成功了，就给他称赞。这样做不仅不会降低你的丝毫权威，反倒会增加他对你的爱和尊重。

只要你还掌握着你的家产，权杖就还会在你的手中。但你的权威要想更加牢靠，就更需要信赖与和蔼。你要想真正地拥有支配孩子的力量，只有是当他不仅害怕会失去将来能够得到的部分遗产，而且更加害怕会冒犯你这么一个好朋友时。

98.友好的交谈如果说适合于父亲用来对待孩子，那么它就更适合于教师用来对待学生了。师生在一起时，不应当把所有的时间都用在阅读讲义上，也不要对他尽是摆布，使其遵循。要听听学生的意见，让学生习惯于用理智来思考对他们提出的要求，这样会让规则更容易被接受，扎下的根也会更深，学生会更乐于学习，乐于被教诲。

当他看到自己有了知识就能与人进行交谈，当别人交谈时他能够参与其中，自己所讲的道理有时能够被人倾听并获得别人的赞同，从中找到乐趣与信任时，他就会开始看重知识了。尤其是在道德、节俭和教养方面，要把各种事例摆在他的面前，让他自己去判断。这种做法要比格言能更好地启发他的理解力，格言无论你解释得多明白也比不上这种做法，而且还能让他更好地记住各种实践规则。

这种做法能让事物渗透进他的思想，并且连同其表现一起留在心中；反之，话语最好也不过是对事物的一种模糊的描述，不能够称作是事物的真实影像，并且很快就会被遗忘。通过让学生对各种事例发表自己的见解，与教师一起论证一些合适的事例，要比让学生沉默不语、粗心大意、昏昏欲睡地听老师讲授，能更好地理解教养和正义的基础和标准，同时他也会对自己应做的事情有更加深刻和持久的印象。

至于对任何问题都要强词夺理地从逻辑上辩论一番，或者对自己的看法来通慷慨激昂的演说，那就更不如这个办法了。这两种做法，一是把思想用在智慧和虚伪的色彩上，而不是用在真理上，另一种则是在传授谬误，教人争论，两者都会破坏人的判断力，使人脱离正当而又公平的推理。因此，凡是想要提升自我，获得认同的人，都要小心地避免这两种做法。

99. 当你让孩子感觉到他依赖着你，在你的权力约束之下时，你就树立起了自己的威信。当你禁止他有任何居心不良的把戏，尤其是说谎时，如果他顽固地坚持一定去做，你就要始终对他采取严厉的态度，从而让他对你产生一种必要的畏惧心理。另一方面，当（通过允许他享有与自身年龄相符的完全的自由，对他在很小的时候必要的，就像吃肉和睡眠一样的幼稚行为和作乐态度，从来不当面加以限制）你让他成了你的伙伴，对他宽容又温和，尤其是每当他把事情做得很好的时候，就用适于他年纪的，父母亲自然会用而不用我教的多种方式去爱抚他，使他感受到你对他的关心和爱护时，我的意思是说，当你通过这些父母们对孩子从不吝于使用的亲切慈爱的方式，让他也对你产生了一种特殊的感情，这时他也就到达了你所希望的境界，你就已经使他对你形成了一种真正的敬畏之心，并且会在以后永远小心地保持下去。这其中包含了两个部分，爱与畏。作为你要控制住他的两大原则，这两个部分要一直保持下去，使他的心灵走上美德和荣誉之路。

100. 当这个基础一旦打好，你发现这种敬畏之心已经开始在他身上起作用之后，接下来要做的事情就是要仔细地观察他的性情以及思想特点了。倔强、撒谎以及不良的行为从一开始（如前所述）就坚决不能允许，不管他的性情是什么样子。这些邪恶的种子不能有任何生根，当它们刚开始在他身上出现时就一定要小心地予以铲除。从他刚刚得知一些事情的时候，你的权威就要树立起来起来并且影响他的心灵，像一个自然的原则那样运作，使他从来就不知道它的起源，不知道它本来应该是这样或者那样。这样，如果他对你的敬畏之心能及早树立，那么你对于他来说就会一直保持神圣而令他难以抗拒，如同他难以抗拒他天性中的原则一样。

合理考察并引导孩子的必要性

101.你这样做，就能很早地树立你的权威，同时，一旦发现孩子有养成任何不道德的习惯的倾向时，就温和地运用权威，使他感到羞愧并改正过来（除非是顽固不化、难以纠正，或者是到了绝对必要的时候，否则我不主张责骂，尤其不主张打击孩子），之后就应当去考察他的自然的思想倾向了。

由于不可改变的本性，有些人勇敢，有些人胆怯，有些人自信，有些人谦逊，有些人温顺，有些人顽固，有些人好求知，有些人粗心，有些人敏捷，有些人迟钝。人们的思想和性情各不相同，并不亚于他们有着不同的面容和体型，只不过有一点不同就是，面部和体型特征的区别是随着时间的流逝和年龄的增长而越来越清晰可见的，但思想上的特征却是在孩子还没有学会如何去隐瞒自己的缺陷、还不懂得如何装模作样地从外部来掩饰自己的不良倾向的时候，最容易看清楚的。

102.所以，应该及早好好地去考察你孩子的脾性，而且要在他受约束最少和正在玩耍，自以为脱离你的视线的时候去考察。要看看，他那占主导地位的感情和主要的倾向是什么，他是强悍的还是温和的，大胆的还是羞怯的，有同情心的还是残忍的，坦率的还是含蓄的等等。如果他在这些方面与众不同，那么你对他采取的方法也要不同，同时你运用权威的方式也要随着有所不同。

这些天生的习性，这些本性的构成，不能被各种规则或直接的斗争所纠正，特别是那些由于恐惧和情绪低落而产生的卑微的品性，尽管它们也可以通过技巧使其大为改善，变得有用，但可以确定的是，即便用尽方法，一个人的倾向也永远是偏向于自然最初安排的那个方向，所以，如果你能在他年幼的时候就仔细地观察他的思想特征，等他长大以后，情况变复杂了，他披着种种伪装去做事时，你也能永远地判断出他的思想倾向以及他今后的目的在哪里了。

103. 我以前告诉过你，孩子是喜欢自由的，所以应该引导他们去做适合于他们的事，不要让他们觉得自己受了任何拘束。我现在要告诉你，他们还喜爱另一样东西，那就是统治权，这是大多数通常自然形成的邪恶习惯的最初根源。这种对于权力和统治权的喜爱很早就表现在了下面两件事上。

104. 首先我们看到，孩子几乎在刚刚出生时（我确信在他们会说话很久之前）就会开始哭泣、发脾气、不高兴、情绪不对劲，不为别的，就是为了达成心愿。他们要别人顺从他们的愿望，力争要周围所有的人都随时准备着依从他们，尤其是那些年龄和地位与他们差不多或低于他们的人。当他能看出这些区别时，他就会这样做。

105. 另一件能表现他们对统治权喜爱的事情是，他们渴望把各种东西都据为己有。他们要占有，并为由此而得到的权利以及随意处置物品的权利感到高兴。一个人如果没有及早在孩子身上注意到这两种心理，那么他也就几乎没有注意到孩子的行为，它们差不多是一切扰乱人类生活的不公正与竞争的根源。一个人如果认为它们不需要及早地加以清除，并以相反的习惯代之，那么他们就忽略了为一个优秀而又杰出的人奠定基础的恰当时机。要达到这一目的，我想下面几点是有益的。

对孩子的爱好该如何处理

106. 第一，我说过，孩子所恳求的东西，不能让他得到，他哭着要求的东西更不能让他得到，甚至他曾提到的东西也是一样。但是这样说很容易被误解，认为我的意思是说孩子不可以开口向父母要任何东西。大家也许会认为，这样做会过分地抑制孩子的思想，会损害孩子与其父母之间应有的爱和感情。所以我在此要特别地详细解释一下。

孩子应当有自由向父母诉说他们的所求，父母也要尽量亲切地倾听并对需求给予满足，至少在孩子还很小的时候就要这样。但是，说我饿了是一回事，说我要吃烤肉又是另外一回事。孩子诉说了他们的需要，他们的自然需要以及他们从饥饿、口渴、寒冷或是其他自然需要所感受到的痛苦之后，父母和周围的人是有责任去解除他们的痛苦的。但是什么东西最适合于解除这些痛苦以及需要多少，孩子应该让父母来为他们进行选择和安排，而不能让孩子自己去选择，说，我要喝酒或是要吃白面包。只要他们一说出这些东西的名字，就不能让他们得到。

107. 父母应当注意的是对爱好的需要和自然的需要加以区别，贺拉斯在下面这句诗中很好地指明了这一点：

有些事物得不到就会使人觉得痛苦。

那些真正的自然需要，如果没有一些别的帮助，理智仅凭自身是无法抗拒的，也不能让我们免受其叨扰。疾病、伤害、饥饿、口渴、寒冷、失眠以及因劳累而引起的疲倦或得不到休息和放松所引起的痛苦，每个人都能感受到，哪怕精神状态最好的人也不能不感觉到它们所引起的不适，所以应该用适当的方法来消除它们。我们在最初接触它们时，如果耽搁点时间并不会造成某些不可补救的危害，那么就不应当没有耐心或是太过急躁。由自然的需要所产生的痛苦对我们而言是一种警示，要我们提防以后会随之而来的更大的危害。因此这类痛苦不能完全被忽视，也不要过于勉强地忍受。然而，如果合适的照料能让孩子更好地适应这种艰难困苦，使他们的身心变得更加强壮，那么对孩子就越有好处。

在这里我不需要提出任何警告，说让孩子所受的这种锻炼仅限于让孩子获得好处的范围内，孩子们所遭受的一切既不会损害他们的精神，也不会损害他们的健康，因为父母们所做的只会倾向于更加温和。

但是，无论自然的需要应该得到什么样的满足，对爱好方面的需要是一定不能让孩子得到满足的，甚至根本就不能提。他们只要说出了这种需要，就应该让其失去。当他们需要衣服时，可以让他们得到，但如果他们提出要这种料子的或者是那种颜色的衣服，就一定不能让他们得到。

我并不是要父母们在那些无足轻重的事情上故意反对孩子的愿望，相反，只要他们的行为值得让他们这么做，而且可以肯定这种要求不会毁坏他们的精神或是让他们的精神变得脆弱，也不会让他们喜欢琐碎的小事，那么我觉得所有的事情都应该尽量弄得让他们满意，这样他们就会发觉事情做得好可以获得的自在和快乐。

对孩子来说，最好是根本就不要让他们从这些东西上得到任何快乐，也不要让他们的快乐受到爱好的控制，对于所有自然安排好的事情要漠不关心。这应当是父母们和老师的主要目标，但是在没有达到之前，我在这里所反对的只是孩子在提出要求方面的自由，孩子在这些方面的要求要不断地被拒绝，从而得以约束。

天性慈爱的父母对孩子自然会溺爱一些，他们也许会认为这样做有点太苛刻了些，但这并没有超过必要的限度。因为，既然我所提出的方法是去除体罚的，那么这样来约束孩子的话语权对于建立我们在别的地方谈到的敬畏之心以及保持孩子对父母所应有的尊敬和崇敬，是大有用处的。

其次，这样做可以教会孩子克制自己，让他们控制自己的爱好。通过这种办法，他们可以学会抑制自身欲望的技巧，当欲望刚一出现，还在最容易进行克制的时候就去克制。我们的欲望如果可以发泄，就会变得活跃和强烈起来，一个人如果敢把自己的愿望作为要求提出来，那么他也几乎就会认为自己是应该得到满足的了。我确信的是，一个人忍受自己的拒绝要比忍受别人的拒绝容易一些。因此，孩子们在放任自己的爱好之前，应当及早地习惯于顾及、运用自己的理智。这样来克制自己的欲望，使其处于沉默当中，就是向控制自己的欲望方面迈出了一大步。

孩子们如果能养成这种习惯，能控制自己在爱好方面的冒失，在开口之前能仔细考虑是否适合说，那么将来在他们的生活历程当中，在一些意义比较重大的事情上，这种习惯对他们的好处就是非同小可的。

我不能不反复强调的一件事情是，对孩子的每一个行为而言，无论其性质如何，是大是小，我们主要（我几乎要说是唯一的）应当仔细考虑的是，它会对孩子的心灵产生什么影响，会让孩子养成什么样的习惯，当孩子年龄大一些时这行为是否还适合他；如果给予鼓励，当孩子长大成人之后，它会将其引向何处。

所以，我的意思并不是说要故意把孩子弄得不舒服。这样做太残暴、太恶毒，而且也容易让孩子受到传染。他们应该被引导，以克制自己的欲望。通过养成克制自己的爱好的习惯，身体也要进行艰苦的锻炼，从而让自己的身心朝气蓬勃、舒适从容和强壮有力，而这些都不会令他们感到任何一点恶意。

不断地让他们失去自己所恳求的东西，会让他们学会谦虚、顺从和忍耐；另一方面，通过给他们喜欢的东西去奖励他们的谦虚和沉默，也会让他们确信，严厉地要求他们这样服从，原来也是一种爱。他们现在能够安于不要自己所渴望的东西，就是一种美德，这种美德下次应该用一些适合于他们并让他们所满意的东西给予奖励。这种奖励应当是他们那些良好行为的一种自然结果，而不是一种交换条件。但是，如果他们能从别人那里得到你拒绝给予的东西，那你就是白费力气，而且还会失去他们对你的爱和尊敬。所以这种情况要坚决制止，小心注意。说到这里我又想到了仆人。

第七部分

108. 如果能够及早地开始这种训练，让他们在很小的时候就习惯于克制自己的欲望，不说出来，那么这种有用的习惯就可以让他们安定下来。当他们随着年纪的增长，做事也变得谨慎，能用理智而不是情感来说话时，他们就可以获得较大的自由。因为不论何时，出于理智所说的话，都应该认真倾听。当孩子开口说想要某个特定的东西时，除非是你先向他们提起的，否则就一定不能听从；而当他们出于了解的目的而提出问题，想知道关于它的情况时，则一定要听取他们的问题，清楚地、亲切地进行回答。对于孩子的好奇心，要小心地呵护，而对其他的欲望则要给予压制。

出自爱好的欲望尽管要严格地对待，但有一种情况是可以允许并加以鼓励的。消遣和工作或食物一样，也是一种必要的东西。但由于消遣离不开快乐，而快乐并不是永远依赖理智，相反，它更多地依赖爱好，所以，如果这样的娱乐是无害的，并且不会对他们的身体健康带来损害，那么不仅要允许孩子去娱乐，而且要允许他们按照自己的方式去进行。因此，在这件事上，如果孩子提出某种特定的消遣，我们是不应该加以拒绝的。尽管我觉得在正确的教育下，孩子几乎没必要去自己要求这种自由。

要注意的是，凡是对孩子有好处的事，就应该一直让他们高高兴兴地去做，在他们感到厌倦之前，应及时地让他们转移注意力，去做另外一些有益的事。

但是，如果他们还没达到那种完美的程度，能让某种进步的方式成为他们的一种消遣，那么就该放松，让他们去做他们所爱好的幼稚的游戏，还要让他们一直做下去，直到做得太多而厌腻。但在他们做有用的事情时，要永远在他们还有做的欲望时就让他们离开，至少也要在还没感到疲倦，还不那么厌倦时就让他们将其搁置，这样他们也许还想回头再做，就像还想回到一件令他们得到消遣的快乐的事一样。孩子们能够在值得做的事情上感到快乐，通过轮番进行的有益的身心锻炼能让他们的生活在一连串的消遣中成为一件快乐的事，其中疲倦了的部分不断地得到了休息和恢复，在这之前，你绝不能认为他们已经上了正轨。而这种境地，各种脾性的孩子是否都能达到，教师和父母们是不是都会下苦工夫、谨慎又耐心地让孩子们达到这种境地，我不知道。但我毫不怀疑的是，只要采用正确的方法，让孩子想要得到别人的信任、尊重和名誉，那么大部分孩子都能达到这种境地。

当孩子们有了更丰富的真实的生活之后，就可以自由地跟他们谈谈最能让他们感到快乐的事情，对他们给予指导或是任由他们去做了。这样他们就会意识到，自己受到的是慈爱和珍爱，教导他们的人也不是不让他们得到满足的敌人。这种管教会让孩子热爱那些指导他们的人，爱那些指点他们的美德。

在消遣方面允许孩子拥有自由还有个更进一步的优势，那就是可以由此发现他们的天然的性情，显示他们的爱好和特长，从而指导明智的父母去为他们选择生活和事业的道路。同时，如果在孩子的本性中发现任何很可能会把他们带入歧途的倾向，也可以为他们采取适当的补救办法。

妥善对待孩子之间的争吵

109. 第二，孩子们在一起时经常会一争短长，喜欢用自己的意志去支配其他的人，无论是谁挑起了这种争斗，都一定要受到制裁。不仅如此，还要教他们学会彼此之间应当具有的一切尊重和礼貌，要彬彬有礼。这样，当他们看到这种美德可以让自己获得别人的尊敬、爱和重视，而自己也没有因此失去优势，他们就会更加喜欢这种美德，而不会再那么无礼跋扈了，因为结果显然会是相反的。

孩子们互相指责，通常都只不过是一些生气和报复的叫嚷，目的在于获得别人的支持，这不能被好意地接受，也不能听取。容许他们抱怨诉苦会让他们的精神变得脆弱，如果他们有时候受到别人的阻拦或是痛苦，没有觉得奇怪或难以忍耐，还能够忍受，那么及早学一点忍耐的功夫，能经得起考验，对他们是没有害处的。

但是，虽然你不能给予爱诉苦的一方支持，但也要注意制止加害一方的傲慢与恶意。如果事情是你自己亲眼所见，那么你就要在受害者面前进行斥责；不过如果有些告发的事情真的值得你去注意，以阻止其再次发生，那就要对犯事的人单独进行斥责，避开告诉的一方，然后让犯事的人去给对方赔罪，进行补救。这样做，表面上看似乎是出自他的意愿，所以他会更加乐意去做，而对方也会比较和善地接受，结果两人之间的感情就会得到增强，而你的孩子们相互之间也会越来越养成礼貌的习惯。

教孩子正确看待得与失

110. 第三，关于东西的获得和占有，要教导他们把自己拥有的东西很容易地、很慷慨地分给朋友，要让他们从经验中体会到，最慷慨的人总是能得到最多的，而且还能得到别人的敬重和赞赏，这样一来，他们很快就会学着那样做了。

我认为，相对于那些经常把孩子弄得昏头涨脑的很多关于良好行为的规则，这种办法能够让兄弟姐妹之间更加友善和更有礼貌，从而对别人也是如此。

贪婪，对超出我们需要的东西还想要占有并且支配，是一切罪恶的根源，应该尽早小心地铲除；相反，对那种乐于赠予别人的品质，则要加以培植。这应当用大量的表扬和荣誉来进行鼓励，但要经常留心，不让他因为慷慨而受到任何损失。对他所做的一切慷慨的事，都应该让他得到回报，要让他感觉并意识到，他对别人好，这对他自己来说并没有什么损害，还会让得到好处的人和旁观的人也对他好，从而得到回报。如果把这个作为一种竞争，孩子们就会这样去互相比赛。用这个办法，经过不断的练习，孩子们就能很容易地放弃自己所拥有的东西，养成温厚的习惯，同时也会因自己能够对别人友善、慷慨和有礼貌而感到快乐。

如果慷慨应当给予鼓励，那么我们就应该格外注意，不要让孩子违反公正的规则，无论他们在什么时候违反了，都应当给以纠正，如果时机合适，还要进行严厉的训斥。

我们最初的行为受自爱的支配较多，而受理智或反省的支配则较

少，所以孩子们非常容易偏离是非的正当标准，这没什么奇怪的。

思想中的是非标准是成熟的理智与认真思索的结果，孩子们越是容易将其弄错，就越要小心地注意对他们进行防范。在这一重大的社会公德方面，每一个细微的偏差都要给予注意并纠正。在最轻微、最无关紧要的小事上也要如此，这样做既是为了教导他们的无知，也是为了预防坏习惯。

很多事情在开始时都是些针尖大的小事，但如果任其自然，就会发展为高级的欺诈行为，最后就有变成露骨的、顽固的不诚实的危险。当孩子第一次表现出任何非正义的倾向时，父母和实行管教的人就要对此表示惊愕和厌恶，一定要把它克服掉。但是，因为孩子在还不明白财产的意义、不知道特定的人是怎样获得他们的财产之前，是不可能很好地理解非正义的真正含义的，所以，让他们诚实的最安全的方法就是及早把诚实的基础建立在慷慨大度地、很容易地把自己所有的或所喜欢的东西送给别人之上。这是可以及早教给他们的，在他们的语言和理解能力还不足以对财产形成明确的概念、还不足以懂得哪些东西由于特定的权利而专属于自己之前，就可以进行教导。

既然孩子除了礼物之外很少能有别的东西，而这些礼物大部分又是由父母所给的，那么从一开始就可以教导他们，要他们拥有的东西，只能是那些他们认为有权支配东西的人所给的，除此之外自己不能去拿或收留任何东西。

随着他们能力的增长，有关公正的其他一些规则和事例以及关于“我的”和“你的”的权利就可以跟他们提及并灌输给他们。如果他们做出了任何不公正的行为，不是由于错误，而是出于意志上的故意作对，并且经过温和的责备和羞辱之后还不能纠正那种不合规则的贪婪的倾向，那就要用一些比较粗鲁的方法去进行矫治了。这也只是让父亲或教师从他们那儿拿走他们觉得有价值的并认为是属于自己的东西，或者是让别的人这样做。在这种情况下，可以让他们意识到，他们自己如果不公正地把别人的东西据为己有，是不会有什么好处的，世上还有比他们更加强有力的人。不过，如能及早地细心地对他们进行灌输，使他们打小就极其厌恶这种可耻的恶行，就像我所想的那样，那才是消除这种罪恶的真正方法，相对于任何出于自身利益的考虑而言，它能更好地预防不诚实。

要知道，习惯所起的作用比理智更加持久，其作用的方式也比理智更灵巧，理智在我们最需要的时候，很少能公平地被请教过，服从它的时候就更少了。

如何理解孩子的哭泣

111. 哭泣是孩子身上一种不能容忍的缺点，不仅是因为它会让房子充满使人不愉快的、不相称的声音，而且从孩子本身出发，还有一些更值得注意的理由，这是我们在教育中的目的。

孩子们的哭泣有两种：一种是固执的、专横的，另一种是发牢骚和抱怨。

一，孩子们的哭泣经常是力求控制别人，是他们傲慢和固执的公开宣言。当他们还没有能力实现他们的欲望时，他们就会大声地要求或是哭泣，来维护他们对那种欲望的权利。这是他们要求的一种继续，是因为他们想要某种东西而被拒绝，觉得受了压迫和不公所表示的一种抗议。

112. 二，有时他们的哭泣是出于痛苦或真正的悲伤，是为自己所哀叹。

这两种哭泣，如果仔细观察，通过他们的神态、表情和动作、特别是哭时的声调，是很容易区分开来的。但无论哪种都不能容忍，更不用说给予鼓励了。

第一，顽固的或发怒的哭泣是绝不容许的，因为这只不过是另一种讨好他们欲望的方式，来鼓励那些我们要全力去加以克服的情感。如果像通常所见的那样，孩子受了任何惩罚就让他去哭，那么惩罚所带来的良好效果就会完全失去，惩罚所带来的如果是他们的公然反抗，那也只会让他们变得更坏。如果孩子受到的约束和惩罚不能战胜他们的意志，不能教导他们去克制自己的情感，也不能使他们的意志顺从和适应父母根据理智给他们提供的建议，从而令他们今后也能服从自己的理智的指导，那么，这些约束和惩罚就是误用，是浪费。但如果他们在做事时，其中遇到任何阻碍就可以走到一边去哭，那么他们就会更加坚持自己的欲望，珍视这种不好的迁就，同时公然宣布他们的权利和决心：只要一有机会就要去满足自己的爱好。所以，这也可以作为反对经常使用责打的一个论据：每当到了要使用棍棒的极端时刻，光是责打还不够，你要继续打，直到你发现已经克服了他们的思想，他们已经服从、忍耐地屈服于惩罚，这时才可以停止。

这一点，你可以从他们的哭泣以及他们在你发出命令后停止哭泣这件事上看得最清楚。否则，鞭打孩子就只不过是一种专横的暴行，那只是残忍，而不是惩罚，只能让他们的身体遭受痛苦，对他们的思想没有任何好处。这就给了我们一个理由，说明孩子为什么应该少受惩罚，同时这样也就可以阻止孩子，让他们少被惩罚了。因为，如果我们在惩罚孩子的时候，不是感情用事，而是冷静、有效地进行，不是在暴怒的时候打完就算了，而是慢慢地打，边打边说服，同时观察这样做的效果，一看到他们因此顺从、忏悔和屈服了就停下来，孩子们知道了要小心地避免那种会带来惩罚的过错，就很少再需要进行类似的惩罚了。而且，使用这种办法，惩罚就不会因为用得太少而白白浪费，没有效果。

如果我们发觉孩子的精神受到影响，有了改进就马上住手了，这种方法同样也不会用得太多。对孩子的打骂应该永远都是尽可能地以少为好，而人们在愤怒之时很少会遵守这个标准，通常都会做得过了头，尽管实际上还并不够。

113. 第二，很多孩子特别容易哭，只要碰到任何一点小的痛苦就会哭，受到一点点小的伤害就要抱怨和放声大哭。很少有孩子不是这样的：因为孩子在会说话之前，最开始用来表达自己的痛苦或需要的自然方式就是哭泣。人们会对那种柔弱年纪的孩子给予同情，但这种同情却是在愚蠢地鼓励他们哭，使其一直继续到他们能够说话的很久以后。

我承认，每当孩子受到任何伤害时，他们周围的人有责任去同情他们，但不表示要用怜悯的方式。应该尽力帮助他们解除痛苦，但绝不要为他们哀叹，否则会让他们的内心变得脆弱，并屈服于发生在自身上的小伤害，这样，他们会更深地沉浸于受伤的部分，将所受的创伤放大，而感觉不到其他东西。

对他们来说，应该经受住一切痛苦，特别是来自身体方面的，除了从坦率的羞愧感和对荣誉方面的敏锐产生的东西外，不可具有柔弱的情感。在生活当中要遭受很多磨难，这就要求我们不能对每个小小的伤害都过于敏感。不能让我们的精神屈服的东西，就只能产生轻微的印象，给我们带来很小的伤害。只有精神上的苦难，才能给我们带来持续的痛苦。精神上的这种顽强和毫无知觉，是我们对抗常见的罪恶和人生意外的最好装甲。这种脾气秉性主要通过练习和习惯来获得，而不是其他任何方式，所以要及早开始实践。

一个人如果很早就受到了这种锻炼，那他就是幸福的。精神上的柔弱应该进行预防或医治，而据我所知，没有什么能比哭泣更能让孩子的精神变脆弱，所以从另一方面看，要对孩子进行约束，就要阻止他们去哭泣。

孩子由于磕打和跌倒受了一点小伤害，不应当为此受到怜悯，而应让他们重新再来。这样做不仅可以使他们停止哭泣，而且相对责骂或怜悯来说，是能够医治他们心不在焉的更好的方法，可以防止他们再一次摔跤。不过，不管他们受了什么伤害，都要让他们停止哭泣。这样做可以让他们在目前得到更多的平静和放松，同时也能让他们将来更能经受住考验。

114. 前一种哭泣需要用严厉的对待来使它停止，如果一个眼神或一个明确的命令不能让它停住，那就一定要鞭打了：因为这种哭泣出自骄傲、顽固和欲望。如果错误是源于意志，那就必须让他屈服，必须用一种严厉的足以征服他的办法来使其顺从。但是，后一种哭泣通常是出于精神上的软弱，原因完全相反，所以应当用温和的办法去对待。最开始也许要用这样的合适的办法去劝说他们，或者是把他们的心思转移到其他方面，或者是去取笑他们的哀怨，但是这些做法都必须要考虑到特定的环境和孩子的性情。没有什么必然的一成不变的规则可用，应该让父母或教师去谨慎处理。但是，我觉得我可以这样概括地说，这种哭泣应该永远受人反对，做父亲的应该利用自己的权威，声色俱厉地来让哭泣停止，随着孩子的年龄越大，性情越刚强，就越严厉，不过要一直以他们停止啜泣，结束这种扰乱为止。

塑造孩子坚韧的品质

115. 怯懦和勇气与前面提到的性情有着很紧密的关系，那么在这里提到它们或许是恰当的。恐惧是一种情感，如果能正确地进行支配，也有它的用处。

由于自爱，我们一般都会保持高度的警戒，但有时也可能会有过于大胆的一面，还有莽撞和对危险的麻木，就像碰到一点小灾祸就吓得浑身发抖，缩成一团，这都是不大合理的。恐惧是对我们的一种监督，让我们加快行动，让我们保持防备，以对抗灾祸的到来，所以，如果在当下对灾祸的危害不了解，没有对危险作出正确的估计，而是没头没脑地撞上去，不管它是什么样的危险，也不考虑这样做会有什么用或导致什么后果，那可不是一个理性的人的果断，而是野兽般的狂暴。一个人要是有了这种性情的孩子，没什么别的可做，只能去唤醒他们的理智，那种自我保护的心理很快会让他们听从理智的劝告，除非（这是很经常的事）有别的情感促使他们毫无理性、不加考虑地莽撞行事。

人类天生就是不喜欢灾祸的，所以我想没有什么人会不对灾祸产生恐惧，而恐惧不是别的，只是我们在遇到不喜欢的东西时所产生的一种不安。所以，如果有谁面对危险迎头而上，那么我们就可以说，这是由于无知，或者是因为被某种飞扬跋扈的情感所控制，没有人会这样与自己为敌，乃至自愿去遭受灾祸，为了冒险而去冒险。因此，如果有什么骄傲、虚荣或愤怒压制了孩子的恐惧或者使他不听恐惧之心的忠告，那么就应该用合适的方法去消除这些情感，让他稍微考虑一下，这样可以降低他的火气，能够让他自己想想这样的冒险值不值得。不过这种错误孩子并不常犯，我就不再特意多说它的救治办法了。精神上的软弱才是更常见的缺陷，因此将需要更大的关怀。

坚韧是其他各种美德的保障和支柱，一个人如果没有勇气，那就几乎不能尽到自己的责任，也很难具备一个真正有价值的人所具有的品质。

勇气使我们能够坚持抵抗我们所恐惧的危险和所感受的灾难，它对于我们这种四面夹击的人生是非常有用的，所以，让孩子尽早地具备这种武装是十分明智的。我承认，天性在这里有很大的关系，但即便是身心有缺陷，内心软弱和胆怯，通过管理得当，还是能变得更为果敢的。关于应当怎样在孩子小时候不给他们反复灌输可怕的东西，不因为他们受了一点小的伤害就去怜悯他们，以免他们的精神受到损害，我已经提到过了。现在要进一步考虑的是，如果我们发现他们太容易恐惧，应该怎样锻炼他们的性情，提高他们的勇气。

我觉得，真正的坚韧就是一个人无论遇到什么灾祸或危险，都能够镇静面对，能够泰然自若地尽到自己的职责。很少有人能达到这种境地，所以我们不期望孩子们也能做到这一点，但有些事情还是可以做到的：富有智慧的引导和循序渐进能够让他们达到的境地远超人们的想象。

当孩子们小的时候，我们忽略了给他们这种大的关怀，这可能就是他们长大成人之后很少有人能完全具有这种美德的原因。我们民族天性勇敢，如果我认为真正的坚韧只需要在作战时，在面对敌人时有视死如归的勇气，那么我就不会在我们国家说这些话了。

我承认，对坚韧的德行来说，这种勇气并不是不重要的，也不能否认，成就与荣誉应当永远属于那些为了他们的国家冒着生命危险的勇士。但这不是全部。我们所面临的危险不仅来自战场，而且也来自其他各个地方。尽管死亡是恐怖之王，然而痛苦、耻辱和贫困也是可怕的，能够让大多数面临它们的人感到不安。那些人虽然对其中的某些东西不以为然，但却对其他一些东西心惊胆战。真正的坚韧要准备对付各种各样的危险，无论遇到什么灾祸的威胁，都要毫不动摇。

我的意思并不是说不能有任何一点儿害怕。当危险到来时，恐惧是不能没有的，没有恐惧那是愚蠢；有危险就应当感觉到危险，要有足够的畏惧来让我们保持清醒，激发我们的注意力、勤劳和精力，但是不能让它扰乱我们镇静地运用理智，也不能让它妨碍我们去执行理智所发出的指令。

要达到具有稳定性的高贵的男子气概，第一步就是要按照我在前面所提到的，在孩子小的时候要小心地避免他们受到各种惊吓。不要把任何可怕的恐惧的事情说给他们听，也不要让可怕的东西吓到他们。这常常会大大扰乱他们的精神，使他们的精神不安，再也恢复不了。在他们的整个一生中，只要一想到或者是看到任何可怕的东西就会惊慌失措，身体就会瘫软，精神就会紊乱，就会几乎不能控制自己，难以做出任何镇静的或理性的行为。不知道是不是因为第一次的强烈印象导致了活力方面的一种习惯动作，还是因为某种更加不可解释的原因引起了体格方面的变化，但事实的确是这样的。这种精神上的柔弱胆怯，由于小时候受了惊吓而在一生当中都受其影响的例子随处可见，所以要尽可能地进行预防。

接下来要做的就是逐渐地让孩子习惯于那些他们所过分害怕的东西。不过你在这里要特别留意，这种方法的使用不能太轻率了，也不能过早地进行尝试，否则恐怕不但不能治好毛病，反倒会加重其危害。

怀抱中的小孩子，很容易让他们远离可怕的事物，在他们学会说话并且能听懂别人的话之前，也不能给他们讲道理，让他们知道，我们打算让他们熟悉并且让他们渐渐接近那些可怕的东西。所以，在他们学会走路和说话之前，这种方法很少能用得着。但是，有些东西不让他们看见，这并不容易。如果婴儿不喜欢这些东西，只要一看到这些东西就表现出惊恐，那就一定要用点办法来减轻这种恐惧，例如转移他们的视线，给这些东西加上令人愉快的东西等，直到他们熟悉了，对这些东西不再讨厌了为止。

我想我们也许都会观察到，孩子在刚出生的时候，他们看到的所有东西，只要不伤害眼睛，对他们来说就都是无关紧要的。他们看到一个黑人或一头狮子，不会觉得比看到他们的奶妈或一只猫更害怕。那为什么之后他们看到某些形状与颜色的混合物就会感到害怕呢？没有别的，他们只是惧怕那些东西随之可能给他们带来的伤害。如果一个孩子每天换一个奶妈吃奶，那么我认为，对陌生的面孔，他在6个月的时候不会比60岁的时候更害怕。所以，孩子不愿意接近陌生人，原因在于他已经习惯了只从周围的一两个人那里得到食物和体贴，一旦到了陌生人的怀里，他就会感到自己离开了让他快乐、给他食物、可以随时满足他需要的东西，所以奶妈一离开他就会害怕。

我们天生害怕的唯一一件事就是痛苦或者失去快乐。由于它们并没有附加在任何可见物体的形状、颜色或是大小上面，因此我们对这些东西都是不怕的，除非我们从它们那里感受到了痛苦，或是认识到了它们将要给我们带来的伤害。孩子们喜欢火焰的明亮和光泽，一开始他们就总想去拨弄它，但是当不断地受到剧烈的疼痛之后，经验便让他们懂得了火的残酷无情，于是他们就不敢再去碰它了，而是小心地避开它。这是恐惧的基础，由此不难发现恐惧是从哪里出现的，如果对不该害怕的东西害怕了又该怎么去医治。当精神上能够坚定地面对这些东西，在不那么恐怖的情况下能够控制住自己通常的恐惧心，那么就为经历更多的真正的危险做了很好的准备。

如果你的孩子看到青蛙就尖叫着跑开，那就让另一个人抓住它，将其放在离孩子有一定距离的地方：首先让孩子习惯于看它，当看惯了之后，再让孩子靠近它，不带感情地看着它跳跃，然后再让别人把它抓住，让孩子轻轻地触摸，以此类推，直至孩子能够自信地触摸它，如同触摸一只蝴蝶或麻雀一样。采用同样的办法，任何其他不必要的恐惧就都可以被消除，只是你要小心行事，不要操之过急，在孩子还没有完全从前一种恐惧当中走出之前不要把他推向一种新的自信。

对这个年轻的战士就应该这样加以训练，以走向人生的战斗。要当心的是，除了真正的危险，不能把更多的事情说成是危险的，所以，无论什么时候，只要注意到他对不该害怕的东西害怕了，你就一定要通过不知不觉的逐步引导，直到让他最后消除了恐惧，克服了困难，受到了夸奖。这种成功如果经常重复，就会让他发现，灾祸并不总是像我们所恐惧的那么可怕或那么严重。避免灾祸的方法不是跑开，也不是由于恐惧而不安、沮丧和不敢，我们的名誉和责任都要求我们向前行进。

不过，既然孩子恐惧的主要基础是痛苦，那么锻炼和鼓励孩子，使他们不恐惧、不害怕危险的方法就是使他们习惯于遭受痛苦。慈爱的父母很可能会认为，这件事对他们的孩子来说是非常不自然的，在大多数人看来，为了让一个人不怕痛苦而竭力让他遭受痛苦，是不合理的。人们会说："这种做法可能会让孩子讨厌使他遭受痛苦的人，却绝对不能让他愿意遭受痛苦。这是个奇怪的方法。你不愿意让孩子为他们的过失而受到鞭打和惩罚，但你却要让孩子把事情做得好而令他们饱受折磨，或者是为了折磨的缘故而使其大受折磨。"

我毫不怀疑，人们会为此提出反对，而且他们会认为，我提出这种想法是不合逻辑的，是空想的。我承认，这是一件需要慎重去做的事情，所以，只有那些凡事能仔细考虑，能深入地调查事情原因的人才会接受我的主张，欣赏它的好处，这没什么奇怪的。我不建议孩子们因为犯错而多挨打，因为我不愿意让他们把肉体上的痛苦看作是最大的惩罚。我主张当孩子行为良好的时候，可以时不时地让他们受点苦，理由也是一样的。这样可以让他们习惯于忍受痛苦，而不把痛苦看成是最大的灾难。

教育可以让年轻人习惯于忍耐多大的痛苦和磨难，斯巴达人的例子能够充分说明：任何人一旦不再把肉体上的痛苦看成最大的灾难，不把它看成是最恐惧的东西，就会在德行上取得不小的进步。但我并不是要愚蠢地在我们这个时代或宪法中提倡古斯巴达人的训练方法。我只是说，温和地训练孩子，让他们习惯于受到一定程度的痛苦而不畏缩，是一种让他们的意志变得坚强，并为他们将来的生活奠定勇气和果敢的基础的方法。

第一步要做的是：不要每次看见孩子受了一点点痛苦就去怜悯他们，或是让他们自我怜悯。这一点，我已经在别的地方说过了。

接下来要做的是：有时要特意让他们受点痛苦，但一定要注意，要在孩子情绪良好、并且确信使他受到伤害的人原本是出于好意的时候，才能这么做。这样做时，一方面不能有生气或不高兴的迹象，另一方面也不能有同情或是对自己的行为表示忏悔，而且要确定这痛苦不能超出孩子所忍受的程度，不能引起孩子的埋怨、误会或是被他当做一种惩罚。

在这种情况下，这个度要掌握得好。我知道一个孩子，有一次他的背被人重重地打了几下，他却笑着跑开了。但同样是这个人，孩子会为了他说的一句不友善的话而哭泣，或是敏感地感觉到这人的一个冷酷眼神的惩罚。

要确信让孩子始终如一地受到关心和爱护，全心全意地爱他，他就会慢慢地习惯于忍受你那非常令人痛苦的和粗鲁的对待，而不会退缩或是抱怨：我们看到孩子每天在做游戏时都是这样彼此相待的。你发现你的孩子越软弱，你就越要寻找机会，在合适的时间来这样锻炼他。这里面的大窍门在于，当你正跟他玩耍时，要在他玩得高兴，你在夸他的时候，实行这种锻炼。而且，还要从痛苦最小的事情开始，在不知不觉中逐步推进。一旦你让他明白，他遭受的痛苦，由于他的勇气所受的赞扬而得到了补偿，当他为自己能够表现出这类男子气概而感到自豪，能够不逃避小的痛苦，不为此而退缩，而宁愿获得勇敢的名声时，再借助于他不断增长的理性，你就一定能够及时征服他的胆怯，纠正他性格上的弱点了。随着他的长大，可以让他为天性不敢做的事来个勇敢的尝试，如果发现有些事只要他有勇气承担，就完全可以做好，但他却畏缩不前，那么一开始就要帮助他，然后要逐步使他感到惭愧而去做，直到这种练习让他获得了自信，最后能够精通为止。

对他的这种表现，一定要给予极大的表扬，同时其他人也要给予好的评价。当通过这样一些步骤，他获得了果敢，对自己应做的事，不再因为惧怕危险而不敢去做；当危险情况突如其来时，他不再因为恐惧而精神不安、全身发抖，不能行动或是跑到一边的时候，他就具备了一个理性动物的勇气。这种顽强是我们应该尽力想办法，当合适的机会到来时就要借助于习惯和应用来让孩子获得的。

培养孩子的爱心

116.我经常在孩子身上看见这样一件事，就是他们得到了任何弱小的动物，就很容易伤害它：他们经常折磨、非常粗暴地对待落到他们手中的小鸟、蝴蝶以及其他一些可怜的动物，并以此为乐。这种情况我觉得我们应当给予关注，如果他们表现出任何这种残忍行为的倾向，那就要把相反的习惯教给他们。因为折磨和杀害动物的习惯会让他们对人类的心肠也逐渐变硬，而且，以虐待和杀害低等动物为乐的人也不会对同类十分同情或仁慈。我们拒绝屠夫参与有关生死的审判，就是注意到了这一点。

孩子们的养育，从一开始就要让他们对杀死或残害任何生物都感到厌恶。要教导他们，不要去破坏或毁灭任何事物，除非是为了保存或有益于其他一些更高贵的东西。

的确，保存整个人类本就是每个人的职责，是调整我们的宗教、政治和道德的真正原则，如果每个人都能尽力使其成为自己的信仰，那么这个世界就会平静得多，自然得多。但是，回到我们目前所讨论的问题上来。我认识一位母亲，对她的善行和谨慎不能不表扬。当她的任何一个女儿，就像一般小女孩所高兴的那样，想要一只狗、一只松鼠、一只鸟或者诸如此类的动物时，她总会让她们得到满足。不过当得到这些小动物之后，就一定要好好对待，用心地照顾它们，使它们所需要的东西不至于缺乏，不受到不好的对待。因为，如果她们在照顾小动物时粗心大意，就会被看作是一个重大的过失，母亲会借此把小动物没收，至少也要为此责骂她们一顿。这样她们很早就能学会勤奋和善良。

确实，我觉得人们从婴儿时起就要养成一种习惯，要温柔地对待一切有感知的动物，对任何东西都不损坏或是浪费。

孩子们从损害东西中能得到快乐，我指的是他们无故损坏东西，尤其是指他们通过让那些能感受到痛苦的东西遭受痛苦而获得快乐。我确信，这只是一种外来的性情，是一种从惯例和交际当中得来的习惯。有的人教孩子打人，看到他们伤了别人或是互相伤害就发笑。周围也有不少人给孩子做这种榜样，这更加深了他们的这种坏行为。

历史上闲来谈论的几乎也都是战争和杀戮，而且赋予征服者（他们大多数只不过是屠杀人类的刽子手）的荣誉和声望则进一步误导了成长中的年轻人，让他们觉得屠杀是值得赞美的人类的事业，是一切德行中最有英雄气概的。通过这些步骤，违背人性的残忍就在他们身上培植起来了，而被人性所憎恶的东西则被当成是获取荣誉的方式，为使他们能习惯，从而推荐给了他们。这样，由于时髦和舆论，它就成了一种快乐，但实际它本身既不是快乐，也不可能成为一种快乐。这是应该小心地给予注意，并及早进行医治的，以便培养起那种相反的，更自然的温和与同情来将其取代。不过仍然要采用那种温和的方法，也就是医治前面提到的其他两种过失的方法。

说到这儿还要再加上进一步的警告，也许并不是不合理的，孩子们带来的损害或者伤害，如果是因为游戏、粗心或是无知，他们不知道那是伤害，也不是为了损坏而有意为之，那么，虽然有时也许会造成相当大的损害，却完全可以不必在意，或只要稍加注意就够了。关于这一点，我想我不会说得过多，也就是，无论孩子犯了什么错，造成了什么样的后果，所需要考虑的只是错误的根源以及可能会形成什么样的习惯。惩罚应该着眼于这些地方，孩子不应当因为游戏或者是因不注意造成的伤害而受到任何惩罚，而只有存在于他内心当中的错误才应该被纠正。如果这样的错误要么能随着年龄的增长而得到治愈，要么不会形成任何不好的习惯，那么，无论目前的行为可能会给人带来怎样的不愉快，都不用给予任何责备。

第八部分

117. 在年轻人身上逐步灌输人文情怀并使之充满活力的另外一种方法是：让他们在言行举止上习惯于以礼貌对待下级以及身份平庸的人，尤其是仆人。很常见的是：绅士家庭的孩子使用盛气凌人的语言、蔑视的称呼和傲慢的举止去对待家里的仆人，好像这些仆人是比他们低下的另外一个种族或物种。这种傲气，不管是由于不好的榜样还是由于优越富有，或是由于天生的虚荣所造成，都应当进行预防或消除，要让他们以一种温和的、彬彬有礼、平易近人的态度去对待下人，以取代先前的做法。

如果他们爱护下人，外表上又对其表示尊敬，使下人们在服从中分享主人的敬重，那么，他们的优越性并不会因此而失去，那种卓越反而会增加，权威也会得到加强。当佣人们发现自己并不是因为财富才拜倒在主人的脚下，被主人所驱使，会更情愿更快乐地服侍主人。

对孩子来说，不应为外在条件所牵制就失去对人类天性的尊重。他们越是这样，就越要被更好地教导，使其以更富同情心和更温和的态度去对待那些地位较低、财产不足的同胞。如果他们在婴儿时起就通过父亲的爵位，自以为有了一点支配他人的权力，就对人不好和不礼貌，那充其量也是没有教养的。如果没有注意这点，就可能让他们天生的自满心理逐步生长，养成一种轻视下人的习惯。那么除了导致压迫和虐待，还会有别的结果吗？

▶ 当孩子出现好奇心时 ◀

118. 孩子的好奇心（这是我在108节提到过的）是一种追求知识的欲望，所以应该给予鼓励，这不仅因为它是一种好的现象，还因为这是自然给他们提供的扫除天生无知的很好的工具。如果没有这种强烈的求知欲，无知就会让他们成为呆滞无用的动物。鼓励好奇心，使其保持积极活跃的状态的方法，我认为有以下几个：

第一，无论孩子提出什么问题，都不要进行制止或羞辱，也不能让他受到嘲笑，而要按照他的年龄和知识能力，回答他的一切问题，解释他所想要知道的事物，尽可能地让他理解。不过，你的解释或是概念不能超过他的理解程度，目前各种各样没什么用处的事不用多说，免得让他弄乱。你要注意他提出问题的目的，不要注意他提问时所用的字句。当你让他了解了答案并让他得到满足之后，你就可以看到，他的思维本身就会扩大，恰当的答复可以引导他前进，超出你能想象的范围。因为知识为悟性所愉悦，就像光线为眼睛所愉悦。孩子们对知识极度喜欢，特别是如果他们看到自己的问题引起了注意，他们对知识的渴求受到了鼓励和表扬，就更会如此。

我毫不怀疑，为什么很多孩子会放纵自己在那些愚蠢的游戏上，把所有的时间都乏味地浪费掉，原因只有一个，就是他们的好奇心受到了阻碍，他们的问题被忽视了。但是，如果他们能够得到比较友好和尊重的对待，他们的问题能够得到应有的让他们满意的答复，我一点都不怀疑他们会在学习和增长知识方面会获得更多的快乐。因为在那里，他们所喜欢的新奇的、变化多样的东西一直都有，而不用颠来倒去地回到同一游戏和玩具当中。

119. 第二，除了要认真地回答孩子们的提问以及告诉他们需要并想要了解的事情外，还应该加上一些特殊的表扬办法。你可以在他们面前，告诉他们你所敬重的人，说他们懂得某些某些事情了。

我们从婴儿时起，就都是一些自负和傲慢的生物，那么就可以让他们的虚荣在对他们有好处的事情上得到奉承。利用他们的骄傲心理，使他们去做能让自己得益的事情。基于这样的理由，你会发现，再没什么更好的鞭策能让年长的孩子去获得你让他学习的东西，并且能自己弄懂，除了让他去教弟弟妹妹。

120. 第三，孩子们的问题不应该被忽视，甚至还要特别注意，不能让他们得到欺骗和感到迷惑不解的答案。当他们受到轻视或是欺骗时，是很容易察觉的。他们很快地就会跟着别人的样子，学会疏忽、虚伪以及撒谎等把戏。

我们在一切交往当中都要固守真理，尤其是在和孩子交往的时候更要如此，因为如果我们对他们弄虚作假，我们就不单是误导了他们的期待，阻碍了他们的见闻，而且也破坏了他们的天真，让他们学会了最糟糕的恶习。

他们可以说是初到一个陌生国家的旅行者，对当地的情况一无所知，所以我们应该凭着良心，不要把他们引入歧途。虽然有时他们的问题好像不是那么重要，但我们也要认真地回答，因为这些问题在我们看来（对我们来说这些问题早就知道了）虽是一些并不值得提问的问题，但对完全不知道的人来说还是十分重要的。对于我们所熟悉的事情而言，孩子们还是生手，他们所遇到的一切事情，在最开始时对他们来说都是未知的，就像曾经对我们那样。谁要是能遇到有礼貌的人，能容忍无知又能帮助他们摆脱这种境地的人，谁就是幸福的人。

如果你我现在到了日本，凭着我们的精明和见闻，一种自负的心理可能会让我们对孩子的思想和问题看不上眼，但是，我还要说，如果我们到了日本，就无疑（如果想让自己了解当地情形的话）会问出上千的问题。这些问题在一个傲慢或轻率的日本人看来是那么毫无意义和莽撞，但对我们来说却非常重要，并急需解决，如果我们能找到一个殷勤周到的人，来满足我们的要求，对我们的无知给予指导，我们一定会非常高兴。

当孩子看见任何新鲜的事物，通常都会用陌生人的口吻提出相同的问题：这是什么？他们的意思通常就是指那东西的名字。所以，一般来说对这种问题的合适回答就是告诉他们这东西叫什么。他们接下来提出的问题通常是：它是做什么用的？对这个问题的回答要真实、直接。我们要在他们能力可以理解的范围内，告诉他们那件东西的用处，并解释清楚怎么使用。对他们提出的任何其他问题也要这样回答，要在他们的理解范围内，让他们非常满意后，才能叫他们转身离开。这样，通过你的回答，可以引导他们再去发现进一步的问题。

这种交谈对于成人而言，也许并不完全像我们想象的那样毫无意义和微不足道。好问的孩子提出的天真的、没经人教导过的问题，经常可以让一个肯动脑筋的人去仔细思索一番。在我看来，孩子在无意中提出的问题，通常要比成人在街头巷尾所说的话，能让人多学到一些东西，因为成人所说的话多是从别处得来的观点以及他们所受的教育上的成见。

121.第四，通过把孩子带到陌生的地方，看见新奇的事物，让他们自己提出问题，给他们机会去求得答案，以激发他们的好奇心，这在有时也许不能认为是不恰当的。万一他们的好奇心让他们提出的问题不是他们应该知道的，最好要明明白白地告诉他们，这件事不属于他们目前应知道的范围，而不能用假话或是毫无意义的回答去对付。

122.有些人从小就表现得精神抖擞，这很少是因为体格强壮的缘故，也不能认为是思想成熟，判断力强。如果要让孩子变成一个活泼健谈的人，我相信还是有办法实现的。但是我认为，一个明智的父亲与其让孩子在童年时期成为善于交际的好伙伴，不如让他在长大后成为一个能干的、有用的人。即便是那样，这事也要仔细考虑。我想我要说的是：让孩子东拉西扯，逗人高兴，并没什么太多的乐趣，还不如让他善于推理。所以，你应当竭尽全力，通过满足他的需要、指导他的辨别力，在他能力所及的范围内，鼓励他的求知欲。当他的理智差不多能说得过去时，就要让他意识到因此而得到的信任和表扬。当他离开正路时，你不能笑话他犯的错误，而要温和地给予纠正。如果他对所遇到的事情肯去推理，你就要尽可能地注意，不要让别人抑制他的这种倾向，也不能跟他进行强词夺理的或是不靠谱的谈话，对他产生误导。因为，所有的这些都是我们头脑当中最高级、最重要的能力，值得受到最大的照顾和关怀，并给以培植。对我们而言，理智的正当改进与运用是人生所能达到的最高境界。

孩子懒于学习时该怎么办

123. 在观察孩子时会发现，与这种忙于好奇发问的脾性相反，他们有时对任何事情都漠不关心，甚至在他们的正经事情上也是一副轻视的样子。在我看来，这是孩子身上表现出来的最坏的一种品质，既是出于自然的，又是最难治的。不过，事情在某些时候很容易弄错，所以，当我们有时在孩子读书和做事时抱怨他们态度懒散的时候，一定要小心地作出正确的判断。当父亲头一次怀疑他的孩子具有混日子的脾性的时候，一定要仔细地观察，看他是不是在所有的行动中都无精打采、漠不关心，还是只在某些事情上迟缓和懒散，而在别的事情上又充满活力、热情洋溢。因为我们虽然发现他读书时磨磨蹭蹭，把花在房间里或学习上的大量时间都浪费了，但也不能马上就下结论说，这些都是源于他那混日子的脾性。那也许是一种孩子气，觉得相对于学习来说，有些事更让他喜欢，所以就去想那些事情了。因为他是被迫把学习当成一种任务的，因此自然就不喜欢他的书本了。对此你要完全掌握。在他不学习的地方和时间，在他照着自己的意思去玩耍的时候，你一定要观察他，看他是不是活泼积极的，看他能不能自己计划任何事情，并努力而又热切地追求，直至达到目的，还是懒洋洋地、无精打采地虚度时间。如果这种懒惰只在他学习的时候出现，我觉得那也许是很容易医治的。如果是因为性情的原因，那就要多点辛苦，多点关心照顾，才能治好。

124. 如果你满意地发现他在做事的间隔做游戏，或是做任何别的他愿意做的事情时非常认真，就会知道他本身并不想偷懒，只是因为他读的书枯燥无味，他才会疏忽懒散，无精打采。所以，第一步就是要尝试着诚恳地把偷懒的愚蠢和不便之处告诉他，说他这样做会浪费很多的时间，而这些时间原本可以用作消遣。不过要确保，谈话时要平静、温和，一开始时不用说得太多，只要简短地说明这种平易的道理就行。如果这么做能被孩子接受，你就算是用最令人满意的方法，也就是理智与和善，达到了目的。如果这种温和的办法不被接受，你就可以笑话他，每天当他走到桌子旁边的时候，如果旁边没有生人，你就问他，看他那天做事情用了多少时间，从而让他觉得羞愧。并且，如果他在应该做完的时候还没有做完，你就可以把事情揭发出来，让他受到奚落。不过不要掺杂着责骂，只要给他个冷脸就行，直到他改正为止。

他的母亲、教师以及身边所有的人，都要这么对待他。如果这种办法还没有达到你所期望的效果，你就可以告诉他，不用再麻烦家庭教师去教他了，你也不用再花钱去请人陪着他消磨无所事事的时光，他既然不爱书本，而更喜欢这样或那样的活动（无论他喜欢玩什么），那么他以后就只能认真地去做所钟爱的游戏，让他坚持去做，从早到晚，一直到他做腻了，无论如何也要换换，再去读几个小时的书为止。但是让他把游戏当成工作去做时，一定要保证是亲自监管或者是让别人看管，要让他不间断地做，不允许他再偷懒。我说你自己要亲自去监管，是因为做父亲的，不论有什么业务，都值得花两三天时间在孩子身上，来纠正他这种在正经事上闲荡的大问题。

125. 如果懒散不是来自于他的一般特征，而是一种特殊的或是后天形成的对学习的厌恶，那么我建议，你一定要仔细地调查和辨别。不过尽管你的眼睛能盯住他，观察他在能自己支配的时间里做些什么，但一定不能让他发觉你或是任何其他人也在那里看着他，因为那会妨碍他去追随自己的爱好，这种爱好充满了他的内心，可是因为害怕你，所以不敢去做，对当时其他的没有兴趣的事，他会完全忽视，因此看上去他就像是懒惰、无精打采似的，而事实上，他却正专注于此，只是害怕你看到或知道，所以不敢去完成。

为了弄清这一点，观察就一定要在远处，在他不怀疑有任何人在监视从而感到受拘束的时候去进行。在那些他完全自由的时候，你可以让一个你所信任的人，去看他是怎样消磨时间的，看他在没有任何限制，能够放任自己的爱好时，是不是还那么懒散地混日子。这样，通过他是怎样利用自由时间的，你就可以很容易地了解到，他在读书的时间混日子，到底是由于性情上的懒散，还是由于讨厌书本。

126. 如果他的天性当中存在某些缺点，使他情绪低落，自然而然地百无聊赖，虚度时光，那么，这种没出息的性情是最不容易对付的。因为通常来说，他对未来是漠不关心的，这种性情需要行动的两个动力，即远见和欲望。对于冷淡的、顽固的性情，问题就在于如何培植并增强这种远见和欲望。只要你确信事情是这样的，你就一定要认真打听，看他是不是什么都不喜欢，你要知道最让他觉得高兴的是什么。如果你能发现他心里有什么特别的倾向，就要尽力去增进那种倾向，并利用那种倾向来让他工作，去激发他的勤奋。如果他喜欢表扬、喜欢玩耍，或是喜欢漂亮的衣服等，或者相反，他害怕痛苦、怕丢脸，怕你生气等诸如此类，无论他最喜欢的是什么，只要不是懒惰（因为懒惰根本就不能让他去用功），你就要利用这些东西去鼓舞他，使他振作。在这种冷淡的性情中，你不用担心欲望会过头（就像在所有其他的情形中一样），把它珍藏起来。这种欲望正是你所需要的，所以你一定要努力去让它增加，因为，没有了欲望，就没有了勤劳。

127. 如果你用这种方法还不能充分地支配他，激发他的精力和活力，你就要让他做一些经常性的体力劳动，这样可能会使他养成一种做点事的习惯。

本来，让他努力学习是使他养成锻炼和运用心智习惯的一个更好的办法，但是由于这个办法不容易被注意，没有人能辨别出他是不是在偷懒，所以你一定要给他找些体力工作，能让他经常地忙着去做。如果那些体力活有些难做，让人羞愧，那也没什么不好的。因为这样一来，它们可能不久就会使他感到厌倦，使他想回到书本当中。

但是要确定，当你用书本给他交换其他劳动的时候，所安排的工作和工作的时间不能让他有机会偷懒。只有通过这种方式，能让他用心地勤奋读书，当他在规定的时间里学习完之后，你才可以作为一种奖励，使他从其他的劳动中得到一些休息。当你发现他在用功方面越来越稳定时，这种劳动就可以有所减少，到最后，当他在书本上混日子的毛病治好时，劳动就可以完全取消了。

128. 我们以前提到过，变化和自由是能让孩子感到高兴的。可以给他们推荐一些游戏，所以，不要把书本和其他一些让他们学习的东西作为一项任务强加给他们。这是他们的父母、家庭教师和学校老师很容易忘记的。当他们想到了适合孩子去做的事，就会很急切地让孩子忙于其中，而不会想办法诱导孩子去做。但孩子反复几次被强制之后，很快就会分清，哪些是别人要求他们去做的，哪些不是。

当这种错误的做法让孩子对书本感到不舒服之后，医治的办法就要从反面入手。这时再要努力让他把读书当做游戏，就已经太晚了。你必须采取相反的办法，就是观察哪种游戏是他最喜欢的，就命令他去玩，并让他每天都玩上好几个小时，不要因为他喜欢玩而把这种做法当成对他的惩罚，而是当成他必须要做的工作。如果我没有弄错的话，这么做，用不了几天，就会让孩子对他最喜爱的游戏产生厌倦，使他宁愿去读书或是做别的事情了。

如果读书或者别的事可以弥补他需要去完成的游戏任务的任何部分，或是他能把花在这种游戏任务中的时间匀出一些用来读书，或者去做别的真正对他有用的事时，那就更是这样了。我认为这么做至少比禁止他们游戏好（禁止通常可以增加欲望），也比用任何其他惩罚的方法去医治要好。因为你一旦让他的欲望得到了过度的满足（除了吃喝外，所有的事情这么做都是安全的），让他在那些你原本要他避免的事情上做得过度以后，就会令其产生厌恶的心理，这样你也就不用再担心他以后会想同样的事情了。

129.我觉得事情是很显然的，孩子们通常都是厌恶懒惰的。所有的关注归结一点，就是他们那闲不住的性情应该经常用在对他们有用的事情上。要达到目的，你就必须把让他们去做的事当做他们的一种消遣，而不是当做一种工作。为了不让他们发觉你在当中有所行动，我在这里建议，你可以找一些借口，命令他们去做那些你本不愿意让他们去做的事，直到他们做得过多，感到厌倦为止。

比如，你的孩子不是特别喜欢抽陀螺吗？那就命令他每天都要玩上好几个小时，你看着他，让他不停地抽。你会发现，他很快就会对抽陀螺感到厌烦，从而心甘情愿地舍弃。

通过这种方法，把你不喜欢的娱乐活动当成他的一项工作，他自己就会很高兴地去做那些你愿意让他做的事了。特别是，如果孩子们把这些事当做他因履行了那种被命令去做的游戏的奖励，那他就会更加愿意。因为，假如他每天都被安排去抽陀螺，不到特别厌倦时都不让停止，如果你答应他，把读书作为在规定时间内起劲儿地抽过陀螺之后的奖励，你觉得他还会不渴望书本，不盼望读书吗？

孩子们所做的事情，如果能符合其年纪，那么他们去做就没有什么不妥。他们认为某件事比另一件事重要，那是因为受了别人的影响。所以，那些被作为奖励去给予他们的事物，就真的会被他们当成奖励。通过运用这种技巧，管教孩子的人就可以选择，是把跳房子当作跳舞的奖励，还是把跳舞当作跳房子的奖励；是让他们喜欢抽陀螺呢，还是使他们喜欢读书；是让他们喜欢玩设圈套呢，还是让他们乐于研究地球，这些都会让他们更满意、更高兴。

孩子们所希望的就是忙碌，忙那些他们误以为是自己所选的事情，忙那些他们从父母或是他们所尊重、所愿意得到信任的人那里得到好处的事，我认为，被这样安排，而且没受到其他不良榜样影响的孩子，会更认真、更高兴地去学习读书、写字以及其他你愿意让他们去学的事物，就像其他孩子做平常的游戏一样：年龄最大的孩子参加进去，形成风气之后，就不可能去阻碍他们学习了，就像通常不能阻止他们去学习其他的事物一样。

关于孩子的玩具问题

130.我觉得孩子们应该有玩具，而且是各种各样的玩具，但他们仍要在教师或其他一些人的监管下去玩，他们一次只能有权得到一种玩具，当第一种玩具没有交还时，就不能让他再有另一种玩具。这样就能教他们及早小心，不要把自己拥有的东西弄丢或是毁坏；反之，让他们拥有数量繁多、各种各样的玩具，他们就会肆意马虎，这会教他们从一开始就变成浪费无度的人。

我承认，玩具是些小事情，看起来好像不需要管理者去关心，但只要是能跟孩子心理的形成有关的事，都是不能忽视、忽略的，凡是能使他们养成习惯的事情，都值得管理的人去留心、去注意，因为它们产生的后果一点也不小。

此外，还有一件关于孩子玩具的事，也值得他们的父母注意。那就是，尽管他们可以同意孩子拥有几种玩具，但我认为，这些玩具不能买来给他们。这样，就可以阻止他们因为拥有玩具的种类过多，而养成见异思迁、贪多求多的心理。这种心理会让他们不得安宁，不断地要追求更多的东西，虽然不知道自己缺什么，但从来都不会为自己所拥有的感到满足。

有的人为了向有身份的人献殷勤，就会把这类礼物送给他们的孩子，这么做有很大的害处。因为，小孩子们几乎在能说话之前就因此学会了骄傲、虚荣和贪婪。我知道有个小孩子，被他那数量和种类繁多的玩具弄得很是分心，每天都要女仆去检查一番，让女仆对此很是厌倦。

并且，他对拥有这么大量的东西已经习惯了，但从来不会觉得已经足够了，总是在问：还有什么？还有什么？我还能得到哪些新东西？要知道，拥有适度的欲望，才是造就一个知足快乐的人的好办法！

“如果玩具全都不该通过购买获得，那你允许他们拥有的玩具又怎么得到呢？”我的答案是，他们的玩具要自己做，或者至少也要努力去做。在这之前，他们一个玩具也不能有，在这之前，任何一个特别精巧的玩具也不能得到。一粒光滑的鹅卵石、一张纸、一串妈妈的钥匙，或是任何不能让他们受到伤害的东西，在小孩子眼里，好玩的程度不比那些从店里买来的费用更高的、稀奇古怪的玩具差，那些玩具一玩就会被弄坏弄破。孩子们绝不会因为想要那种玩具而没有就觉得枯燥乏味或是情绪不好，除非玩惯了这种玩具。当他们小的时候，玩什么都行；等到他们长大一点，如果不是别人愚蠢地花些钱，让他们有得玩，他们就会自己去做。

的确，当他们自己一旦有了任何想法，要开始操作时，就应该得到教导和帮助。但如果他们不去动手，只是一直懒洋洋地坐着，希望别人给他们提供一切，那他们就什么都不应该得到。而且，如果在他们遇到困难时你能帮助他们，要比给他们买昂贵的玩具更能得到他们的喜爱。有的玩具，比如陀螺、鱼叉、羽毛球拍之类的东西，已经超出了他们的技能范围，一般要花些气力，的确要为他们准备。这些实用的东西他们应该有，不是为了种类多，而是为了锻炼，但这些东西也要尽可能地少给他们。

假如他们有了一只陀螺，那么抽陀螺所用的棍子和皮带就要让他们自己去制作和安装。如果他们只是坐在那儿，张大嘴巴等着这些东西来，他们就不应该得到这些东西。这样就可以使他们习惯于凭借自身的努力，去追求自己想要的事物，他们就可以学会节制自己的欲望、用功、勤劳、思考、发明和妥善管理等，当他们长大成人时，这些优点会非常有用。因此，学习不能求快，根基也不能固定得太深。

孩子们所有的游戏和娱乐都应以养成良好的、有用的习惯为目标，否则他们就会养成不良的习惯了。不管他们做了什么事，都会在那稚嫩的年龄里留下一些印象，孩子们会因此得到有益或是有害的影响，不管是什么事情，只要具有这种影响，就不应该被忽略。

孩子撒谎时家长要如何做

131. 撒谎是为了掩盖任何过失的一种现成的省事的办法，所以它在各种各样的人当中都十分流行。要让孩子避免看到别人在各种场合下说谎，这几乎是不可能的，所以，要是不特别注意，他们是很难不学会说谎的。但说谎是一种恶劣的品质，是很多问题得以滋生的根源和避难所，所以在培养孩子的过程中，应尽可能地使他厌恶这种行为。在孩子面前（如果有机会提到说谎这件事）时，应当总是表示极度的厌恶，把它看做一种和绅士的名声与品格完全不一致的品质，凡是稍有信誉的人都不能忍受说谎的诋毁，它是个最大的耻辱的标记，会让一个人沦落到卑鄙可耻的最低下程度，和那些最卑劣的人类以及可恶的恶棍混为一个等级。任何想与有身份之人进行交往的人，或是任何在社会上还有点声望的人，对此都不能忍受。

当第一次发现孩子说谎时，你应该把这看作是发生在他身上的一件令人震惊的事，不要当成是一般的过失而去责骂。如果这样做还会让他旧病复发，那么接下来他就一定要受到严厉的指责，并让他从父母以及一切注意到此事的人那里受到极大的不满。如果这种办法仍然没有效果，那就一定要用棍棒了。因为他在因此受过警告之后，还有意说谎，那就是顽固的表现，这是绝对不允许躲过、不受惩罚的。

132. 孩子们害怕自己的过错袒露在他人面前，所以他们也会像亚当其余的子孙那样，善于找借口。这种缺点近乎虚伪，并且可导致谎言，对这种行为不能任其放纵。不过纠正的办法还是以让他感到羞愧为好，而不是粗暴对待。所以，当有什么事要问孩子时，如果他最初的答复是一种托辞，你就要严肃地警告他，让他说出真相。如果他仍坚持用假话来推诿，就一定要严惩。不过如果他坦率地承认了，你就要表扬他的坦诚，原谅他的过错，不管他有怎样的过错，既然原谅他了，就绝不能再因此而责备他，或者再次对他提起此事。因为如果你想要让他热爱坦诚，并通过持续的实践而形成习惯，你就一定要当心，不可让他因此而有丝毫的不便。相反，他的坦白认错，除了始终不会让他受到处罚之外，还应该用一些赞许去给他鼓励。如果你在任何时候都不能证实他的托辞里含有虚假的成分，就可以把它当成是真的，并确信不要表示出任何怀疑。你要让他在你面前尽可能地保持好名声，因为一旦他发现自己失去了名声，你也就失去了对他的一种重大的、最佳的控制。所以只要你能尽量避免别让他为了讨你高兴而撒谎，他在你面前就不会觉得自己是个说谎者了。他说话有时与真相有所偏差，可以不予理会。不过，当他曾因说谎受到纠正之后，无论什么时候发现他又犯类似的错误，都绝不能再原谅他，因为这种错误是曾经禁止他犯的，本来是可以避免的，除非他是有意的，所以再犯那就完全是无理取闹，由于这种冒犯，就要给予惩罚。

培养孩子的德行

133. 以上这些就是我所想到的关于教育一个年轻绅士的一般方法。尽管我觉得这些方法对他的整个教育过程可能会产生一些影响，但是我绝不认为综上所述已将一位成长中的年轻人或特殊的性情可能需要的全部细节都包括在内了。不过，以一般原则为前提，我们接下来就可以更详细地考虑关于他教育的几个部分了。

134. 每个绅士（任何关心孩子教育的绅士）希望为他的孩子所做的事，除了留给他的财产外，还包括在（我假定的）这四个事物当中，即德行、智慧、教养和学问。至于这些名称有时是不是并不代表同样的事物，或是不是真的彼此包含，我就不费心去研究了。我在这里只是采用这些词的通俗用法，我假定它们已经足够清楚，能够让别人理解我的话，我希望大家不难理解我的意思。

135. 在一个人或一位绅士所应具备的这些天资当中，我把德行放在第一位，认为它是最有必要的。一个人要让自己受到他人的重视和喜爱，被他人接受或容忍，德行是绝对必需的。没有了德行，我觉得无论是在今生还是来世，他都不会幸福。

136. 作为德行的基础，应很早就让他的心里印上真正的对上帝的概念，知道上帝是独立的至高无上的，是万物的创造者，我们从他那里得到自身所有的善。他爱我们，赐予我们一切，随后，就要把对这位神王的热爱和崇敬之情灌输给孩子。

一开始时，这样就足够了，不用将此事向他做进一步的解释，因为过早地跟他谈论神灵，不合时宜地提前让他了解这个无限存在的难以理解的本质，恐怕他的头脑里要么充满过错，要么就是对主的不能理解的概念感到迷惑。孩子只要有机会知道，上帝创造和主宰万物、听见一切、看见一切，他会把所有的善赐予那些热爱他、服从他的人就可以了。当你告诉他有这样一位上帝时，你会看到，在他心里很快就会对上帝产生别的想法，如果你发现这些想法中有什么错误，就要及时进行纠正。

我认为，如果大家对上帝普遍都持有这样一种观念，对这个大家都承认难以理解的存在的观念不是特别好奇，那就再好不过了。很多人不具备有力度的和清晰的思想去辨别哪些事情是可知的，哪些事情是不可知的，从而流于迷信或无神论，把上帝看成与他们自己一样，或者（因为他们并不理解其他任何事物）认为上帝根本就不存在。我觉得，与其让孩子们分散思想，好奇地打听，去探究上帝那神秘莫测的本质与存在，倒不如让他们每天早晚不断地用一种平易的、简短的、适合他们年龄和能力的祈祷，去奉献给上帝，他们的创造者、保护者与恩人，这在宗教、知识和美德上的用处要大得多。

第九部分

137. 当你发现他的能力到了一定程度的时候，你就要逐渐把这样一种关于上帝的观念固定在他的心灵中，并教他向上帝祈祷，将上帝作为其存在的创造者、所做及所享的全部善行的创造者加以赞扬。你不要跟他谈论别的神灵，除非他今后在某个场合下以自己的方式提出来，或是在他读《圣经史》的时候做出询问。

注意保护孩子的幼小心灵

138. 但即使这样，在他年幼的时候，你也要始终确定，保护他幼小的心灵，使他远离一切关于神灵和妖怪的印象及观念，或是在黑暗里产生任何可怕的恐惧。这些可能让他陷入由不慎重的仆人所带来的危险。这些仆人常用的方法就是通过给他们讲一些带有妖魔鬼怪等可怕、有害观点的故事去吓唬孩子，来使其顺从。当孩子独自一人，尤其是处在黑暗中时，自然会感到害怕，所以一定要小心防范，虽然通过这种愚蠢的方法可以防止孩子出现小的过失，但这种纠正的办法要比疾病本身糟糕得多。恐怖和惊悚的观念从此就铭刻在了他们的想象当中。

这种有关鬼怪的思想一旦侵入孩子那幼小的心灵，产生一种强烈的，伴随着这种忧虑恐惧的印象之后，就会越来越深，乃至根深蒂固，即使能再拔除，也没那么容易了。与此同时，还会有奇异的幻觉时常萦绕着他们，当孩子一个人时就很胆小，甚至对自己的影子和黑暗都觉得害怕，在以后的整个人生当中都是如此。

曾经有人向我诉过苦，这些人在幼小的时候都有过这种经历。尽管他们的理智纠正了他们以前所具有的错误观念，他们也确信没有理由在黑暗中要比在光天化日下更害怕那些看不见的东西，然而这些观念还是要伺机行动，使他们产生幻觉，不付出一些痛苦，是不能将其清除的。我在这里要告诉你们一个很不平常的，但却是真实的故事，使你知道早期出现在人们心灵当中的印象是何等的持久与可怕。

在西部的一个镇子里住着一个神经错乱的人，男孩子们看见他都爱戏弄他。有一天，这个人在街上看见了曾经捉弄他的一个孩子，就跨进了附近的一家利器店，抓住一把出鞘的刀，跟在那个男孩后面。男孩看见他拿着武器追来，拔腿就跑，去逃命，多亏他强壮，脚力够，在发疯的人赶上他之前，跑到了父亲的房子。当时屋门仅仅是闩着，当他用手抓着门闩，回头想看看追他的人还有多远时，那个人已经追到了走廊的入口，举起刀就准备砍，男孩刚好来得及跑进去，啪地关上了门，才躲过了刀砍。

但他的身体虽然逃脱了，精神上却逃脱不了，这个可怕的观念给他留下了相当深刻的印象，即使没有持续整个一生，也保持了许多年。因为当他长大成人，告诉我这个故事的时候，还说，从那时起到现在，无论什么时候（这是他能记得的）从那个门进去，不管他当时脑子里想着什么事，或者是根本就没有想到那个发疯的人，他都会回头看看，如果让孩子单独一人，他们在黑暗中不会比在光天化日之下更加害怕。他们欢迎黑夜有利睡眠，就像欢迎白天有利游戏一样。他们不应该从别人的任何话语中区分黑夜和白天，说黑夜比白天有着更多的危险和可怕的事物。但如果由于周围人的蠢行使他们受到了这种伤害，使他们觉得在夜里和无法入睡的时候有所差别，你就必须尽快让他们的内心去除这种观念，要让他们明白，为他们创造了一切美好事物的上帝也为他们创造了夜晚，使他们得到更好的更安静的睡眠。他们处在上帝的庇护之下，在黑暗中没有什么伤害他们的东西存在。

关于上帝与善的神灵还应当再让他们知道些什么，我们推迟一下时间，以后再说。至于邪恶的神灵，要在他没有成熟，还不懂那种知识之前，最好能让他远离错误的幻想。

让孩子成为品性良好的人

139. 你在孩子的年龄所允许的范围内，通过使他养成向上帝祈祷的习惯，根据上帝的真实观念，为他的德行打下基础，就像是信条所明智教导的那样，接下来应该注意的，就是让他准确地讲述真理，同时还要用尽一切能想象到的方法，让他成为一个性格良好的人。你要让他知道，二十次错误要比一次歪曲事实，用借口去掩盖过失能更快地得到原谅。还要及早教他去爱别人，以善行对待他人，这样做就能及早地为他长成一个诚实的人奠定真正的基础。因为一切非正义普遍都是因为我们爱自己太多，爱别人过少。

这就是我要说的关于这个问题的一般看法，要在孩子身上奠定德行的初步基础，上面说的这些也就够了。等他长大时，一定要注意他本性中的倾向，他的本性如果让他偏离了德行的正路，让他更容易走向歪路，就应当采取适当的补救措施去进行纠正。因为在亚当的子孙中，很少会这样幸福，这种幸福是天性中毫不偏倚的幸福。去除或是抵消这种偏倚是教育的任务。不过关于这个问题的详细讨论不是这篇简短的教育论文的任务。我不想作一个讨论一切德行与邪恶的论述，阐述每种德行怎样才能获得，每种独有的恶习要通过怎样独特的疗法进行矫正，尽管我曾提过几种最普通的过错以及用来纠正那些错误的方法。

140. 我对智慧的理解和流行的词义一样，就是一个人在世上处理他自己的事情时精明强干，并富有远见。这是善良的天性、意志的勤勉和经验结合的产物，超过了孩子所能达到的程度。

关于这个问题，对孩子而言，能做到的最重要的事就是，尽可能地阻止他们变狡猾。狡猾模仿智慧，却与智慧距离最远。它像个类人猿，有着与人相似的外表，但缺少人的实质，所以更为丑陋。狡猾只是因为缺少悟性，不能直接达到目的，因而求助于欺骗和陷害。这样做的危害在于：狡猾的计谋只能得利一次，却阻碍了以后。无论是哪种掩饰都不能天衣无缝，隐藏自身。

世上没有人能狡猾到可以隐瞒自身的存在，一旦当他们被人发现，就会因此而受惊，每个人都会对狡猾的人抱有怀疑，整个世界都会联合起来反对、攻击他们。而同时，坦率、公正和富有智慧的人则会受到每个人的礼让，使其能直接去做自己的事情。我们要让孩子习惯于获得事物的真实观念，否则就不满足。还要让孩子把心智用在伟大的和有价值的思想上，而远离虚假以及包含大量虚假成分的狡猾，这才是对孩子的智慧所做的最合适的准备。至于其他的，那是需要时间、经验以及观察，并且还要熟知各种人的性情和图谋，才能学到的，对于无知和粗心的小孩或轻率、急躁的青年来说，就不能抱有这样的期望。在这种没有成熟的年岁所能做到的，就是我曾说过的，要让他们习惯于忠诚和真挚，习惯于对理智的服从，习惯于对自身行为的反省。

培养孩子成为有教养的人

141. 一个绅士的另一个优秀的品质就是良好的教养。不良的教养有两种表现：一种是羞怯忸怩，另一种是疏忽和无礼。要避免这两种情况，就要充分遵守这条规则，就是既不要轻视自己，也不要看不起他人。

142. 这条规则的前半部分，不能理解成反对谦卑，而是指反对厚脸皮。我们不应该把自己想得太好，以致高估了自身的价值。不能因为想象自己具有强于别人的优点，就假定自己要在别人面前占优势。我们只应在自己应有的范围内，谦虚地接受别人的给予。但有些需要执行的活动是义不容辞的，别人也期待我们去做，这时我们就应该看得起自己，无论在谁面前，我们都不要心慌意乱，要按照每个人的地位与身份保持尊重和距离。

在有些人，尤其是孩子身上，经常能见到的是：这些人在陌生人或是地位高于他们的人面前，表现得傻里傻气，而且害羞。他们的思想、话语以及外表，都会显得困惑狼狈，在混乱中他们也失去了自我，什么事都做不成，即便能做，至少也是不那么自然和优雅的，不能因此让别人高兴和满意。

纠正这种毛病的办法和纠正其他毛病的办法一样，就是提出并使其养成一种相反的习惯。但是，由于我们没有和陌生人以及上流社会的人士相处，就不能使自己习惯于跟他们交谈，可以说，没有什么能够纠正这种教养不好的毛病，除了结交各种朋友，多与地位高于自己的人交往。

143. 以上所提到的是，我们在别人面前要怎样注意自己的举止端庄。教养不好的另一表现就是对那些我们必须去交往的人的快乐和尊重关注得太少。为了避免这种情形，有两点是必要的：第一，有一种不愿冒犯他人的性情；第二，要有表现那种性情的最合意以及最令人愉快的方式。具备了一点就是有礼貌；具备了另一点就是得体。后面这点是指样子、声音、用词、动作、姿势以及所有外在的举止都体面优雅，使我们在同伴当中获得好评，使那些与我们交谈的人感到轻松和喜悦。

这是表达内心的文明思想的一种语言，它像其他语言一样，主要被各国的时尚和习俗所支配，它的规则与实行，应主要从观察、从那些十分有教养的人们的举止上去学习；而另一部分则是在外表之内的，是对所有人的普遍的善意和尊敬，使得一个人能小心地，不在举止上表现出任何对他人的蔑视、无礼或疏忽，而是根据该国的时尚和习俗，按照别人的等级和地位，去对别人表示尊敬和重视。这是一种通过举止表现的思想性情，能让一个人在交谈时不使任何对方感到不安。

下面我将提出四种品性，是与所有社会德行中基本的、最为称道的品性最直接的对立面。不礼貌的行为通常都产生于这些品性中的某一种。我要把它们列举出来，为的是保护孩子，不让孩子受到这种不良影响，或是使孩子从不良影响中得以恢复。

一、第一个不良的品性就是天生的粗暴，它能让一个人对别人没有礼貌，从而不懂得尊重别人的爱好、性情或身份。这是个傻瓜的确定标记，毫不在意什么事情可让跟他交往的人高兴，什么事情会让人生气。然而，人们经常可以发现这样一种人，他们衣着时髦，却毫无节制地发泄自己的脾气，让旁人都忍受这种横冲直撞，完全不在乎别人是怎么看的。这是人人都看得见并憎恶的一种兽行，没有人能够轻易地与之相处。所以，任何一个想让别人认为自己还有一点教养的人身上，都没有它的地位。因为良好教养的目的和作用正是在于使天生的顽固变得顺从，让人们的脾气变得温和，使他们能对人谦恭有礼，使自己和他人和谐相处。

二、轻视，或是缺乏应有的尊重，表现在脸色、言语或姿势上面。不管表示轻视的对象是谁，总会让人感到不安，因为没有谁会心甘情愿地忍受他人的轻视。

三、吹毛求疵，以及在他人身上找错，是和文明礼貌直接对立的。不管人们有怎样的过失，或根本就没有过失，总不会愿意别人当着他们自己或是其他人的面，在光天化日之下公开地展示出来。任何人有了污点都会感到羞耻，任何缺点一旦被人发现了，总会觉得有些不安，哪怕是赤裸的诋毁也是一样。

嘲笑是揭露别人过失的一种最没修养的办法，不过因为嘲笑通常都是风趣巧妙的，用的语言也很好，还能给同伴带来消遣，人们就很容易产生一种误解，以为它在合理的范围内使用就不是不礼貌的。所以，那些社会地位较高的人就经常采用这种客套的谈话方式，这种人的谈话让人很愿意听，他们身边的旁观者也常常大笑着鼓掌。不过他们应该仔细想想，在座同伴的快乐是以被他们取笑的当事人为代价的，被嘲笑的人会觉得不自在，除非嘲笑的主题本身真的令人称道。因为在这种情况下，令人愉快的比喻和陈述使嘲笑既是一种娱乐，也是一种赞扬，被嘲笑的人也能找到理由，参与到这种消遣活动当中。不过要恰当地处理此事需要非常的细致和小心，其中有一点小小的失误都可能会将事情全部弄糟。这些可不是每个人都具有的天赋，所以我认为，那些不愿意惹人生气的人，尤其是一切年轻人，应该小心地避免戏弄别人，因为一点小的失误或任何不恰当的多嘴，都可能会让被嘲弄的人不舒服，并在他们内心中留下持久的记忆，认为是自己做了该受责备的事，才会受到别人辛辣而又不乏机智的嘲弄。

除了嘲笑，反驳也是一种非难别人的方式，教养不良也会在其中显现出来。对人讨好殷勤，并不需要我们永远承认所有的论断或叙述，也不是说我们听了什么都要听之任之，沉默不语。真理和宽容有时要求我们反对别人的意见，纠正别人的错误，只要做的时候带着应有的小心，注意场合，就不违反礼仪。不过有些人你一看就可以注意到他们是喜欢反驳的，他们不管对错，总是反对某一个人或是同伴当中的每一个人，不管他们说什么，他都要提出异议。这是一种明显的让人无法容忍的指责方式，听到的人没有谁能避免不让自己受到其中的伤害。所有的反对别人的话都容易被人怀疑为是吹毛求疵，接受的人很少有不感到丢人的，所以说的时候态度应当是最温和的，用词要婉转，要用全部的行为去表明，你并没有冒失地反驳他。同时，还应该加上所有的尊重和善意，这样，当我们在争论当中获益时，才不会失去对方对我们的尊重。

四、吹毛求疵是和礼仪相反的另外一种过失。不仅因为它常常带来不合宜的、让人生气的态度和举止，还因为它是当我们生气时，对对方某些无礼行为的一种缄默的指责和责备。这种怀疑或暗示会让任何人都觉得不自在。而且，同伴中有了个爱生气的人，融洽的氛围就会消失在这种不和谐当中。

人类如此坚定地追求的幸福组成了快乐，由此就很容易理解，一个有礼貌的人为什么会比有用处的人更能获得认同。一个重要的、有价值的人，或是一个真正朋友的能力、真挚和良好的意愿，很难弥补他的严肃以及固执的表现所引起的不安。权力与财富，乃至德行本身，之所以受到重视，就是因为它们有助于我们的幸福。

所以，一个以增进他人幸福为目标的人，如果在为他人服务时态度不好，就会让人感到不安。一个人要是知道怎样在交谈时让对方感到舒适从容，而自己又不用低三下四，阿谀奉承，他就可以说是找到了世上生存之道的真诀，到处都会受到欢迎和重视。所以说礼貌是居于首位的大事，应格外用心，使孩子和年轻人养成习惯。

144. 此外还有一种在良好做法方面的过失，就是礼节的过度，固执地坚持将不应有的，让人不能不感到愚蠢或蒙羞的礼节强加于人。这种情形看起来，与其说是有意为之，不如说是对人的强迫。至少，也像是和人斗胜，充其量也不过是让人讨厌，所以这可不是良好教养的表现。

良好教养的作用或目的就在于使那些与我们交往的人感到放松和满意，此外没什么别的。这是一种很少有年轻人容易去犯的错误，但如果他们犯了，或有将要犯的嫌疑，他们就应该被告知，并在这种错误的礼貌方面受到警告。在与人交往中，他们应该努力去做并视为目标的事就是在礼仪方面对每个人表达一种他们应有的普通的礼节和尊敬，借以表现自己的敬意和尊重以及良好的意愿。要达到这个目的，而又不被人怀疑为是奉承、虚伪或是卑贱，这是一个很大的技巧，只有从良好的感觉、理性以及志趣相投的伙伴那里才能学到。但是这种技巧在世俗生活当中非常有用，所以特别值得学习。

145. 虽然我们的行为在这方面表现良好就能获得教养好的名声，似乎这是教育特有的影响，但就像我所说的，年幼的孩子不应为此受到过多的困惑。我的意思是说，关于他们在脱帽致敬和弯腿行礼方面，要求动作是时髦的。如果你能把谦逊以及好的品性教给他们，这种礼貌就不会缺乏。

事实上，礼仪无非是一种小心，不在交往中对任何人表现出任何的怠慢和轻视而已。至于最能准许、最受重视的表达方法，我们在前面已经说过。在世界上的一些国家中，礼仪是各有特点，各不相同，就像它们的语言一样。所以，我们只要仔细考虑一下就会明白，把有关礼仪的规则和论述教给孩子是没有用的，也是不切题的，就好像要求一个只和英国人交谈的人时不时学一两条西班牙语言的规则一样。尽管你忙着跟孩子谈论礼仪问题，但他有什么样的伙伴，也就会有什么样的举止。

与你邻近的一位农夫，从没离开过他所在的地区，无论你对他做出怎样的训诫，他的言语和举止仍会像个谄媚者，也就是说，不会比他平常交往的人显得更文雅。因此，关于这一点，没有什么办法，直到他够年龄，能请一位教师教他，而教师一定要是个受过良好教育的人。如果我能自由地说出自己的见解，我会诚挚地主张，孩子们所做的事，一定不要带有顽固、骄傲和恶意，至于他们怎么脱帽或是怎么行弯腿礼，都没什么关系。如果你能教他们热爱和尊重他人，那么，当他们到了年龄需要的时候，他们就会按照平时习惯的方式，找到能让每个人都认可的表达方式。至于他们身体的动作和举止，前面已经说过，当时机合适时，一个舞蹈教师就可以把最适合的姿势教给他们。同时，在孩子年幼时，人们不指望他们会过多地注意这些礼节。在那种年龄，粗心大意是被允许的，就像成年人应该懂得问候一样。如果有些特别挑剔的人认为这是一种过失，至少我也确信这种过失是应当被忽视的，那么就应留给时间、教师和交往去纠正。所以我觉得你因此对孩子（就像我经常看见孩子被这样对待）进行干涉或责骂是不值得的。不过，当他的举止当中出现了骄傲或恶意的成分，那就要采用说服或使其蒙羞的方法来进行消除。

当孩子还小的时候，虽然不应该对教养上的规则以及礼仪的讲究过多地困惑，但有一种没礼貌的行为，如果不及早地加以约束，就很容易在年轻人身上滋长。这就是，在别人讲话的时候，冒失地用一些反驳去打断谈话。不知道是不是源于辩论的习俗以及声誉和学问，似乎是把反驳当成了知识的唯一标准和证明，使得年轻人爱找机会去纠正别人的讨论，不愿放过任何展示自己才能的机会。正因如此，我知道学者们在这点上是最受责难的。在他人谈话时去打断，再没有比这更无礼的行为了。因为我们在知道别人要说什么之前就给予应答，如果不是鲁莽的愚蠢，也是一种明显的声明，表明我们已经对他所说的感到了厌烦，不愿他再往下说了，对此也有所轻视。按照我们的判断，在座的同伴也对他所说的没有了兴趣，所以要他们做我们的听众，我们可以说些值得引起他们注意的话。

这种做法表现出了一种极大的不尊重，一定会令人不快，但它们几乎在所有的插话中都时常有所体现。如果按照一般情况，通过插话来增加些谈话内容，以此去纠正他人的错误，或是对别人所说的话进行反驳，当我们这样闯进去自以为是老师，将自己凌驾于他人之上，纠正他人的叙述或是指出他人看法中的错误，这就已经是更大的骄傲和自负的表现了。

我并不是说，在交谈中意见不能有分歧，也不是说在别人谈论时我们不能反对，因为这会剥夺社交活动的重要益处，也不能让人们从机灵的伙伴那里获得进步。在争辩时，人们可以从相反的争论中获得启示，还可以揭示事物的各个方面以及各种可能。如果第一个人说过之后，每个人都要表示赞同，那么这种好处就会完全失去。我所反对的不是一个人不能对别人的意见持有分歧，而是反对这么做时的态度举止。我们应该教导年轻人，不要打断他人的话，除非别人问到他们或是别人说完了，静下来时。而且说的时候只能以询问的方式，而不是命令，另外那种固执己见的主张和武断的姿态也应该避免。一般来说，要等在座的所有人都停止了说话，有了机会时，才可以像初学者那样，谦虚地提出问题。

这种恰当的礼仪不会埋没他们的角色，也不会削弱他们辩论的力度，反而会证明这更有助于引起人们的注意，使他们所说的话具有更大的优势。一个不合适的论据或是普通的言论如果这样提出来，加上一些礼貌的对他人的见解表示遵从和敬重的开场白，就可以让他们获得更多的赞扬及尊重。相反，哪怕是最敏锐的才智或最深奥的科学，如果用粗暴、无礼或吵吵闹闹的方式提出，也永远会让听者觉得反感，即使他在辩论中获胜，也会给人留下不好的印象。

所以，这种情况应该在年轻人身上仔细地加以注意，从一开始就要进行阻止，要让他们在一切交谈当中养成一种相反的习惯。因为在成年人当中也经常能看到冒失地说闲话，在辩论时插话以及大声争吵的现象，甚至是在我们这个阶层的人中也是这样，所以尤其要及早预防。印度人，我们说他们是野蛮的，可他们谈话时要比我们礼貌和文明得多，他们彼此之间无言地倾听，直到别人说完，才去沉着地答复，既不吵闹，也不表露强烈的感情。如果在世界上这个文明的地方还不能做到这一点，我们就应该将其归咎于教育的疏漏，没有把存在于我们身上的这种古代的野蛮改造过来。

想一想，你没有见过这样一个有趣的场面吧：两个上流社会的妇人，偶然地坐在了一间房子里相对的两边，周围还有同伴，然后她俩争执起来了，争的劲头越来越大，到激烈的时候还渐渐地把椅子往前挪，不一会儿工夫，就挤到房子的中央了。她们为了获胜，在那里激烈地争辩，就像斗鸡场上的两只公鸡一样，对周围的一切置若罔闻，毫不在意，你不觉得这让人忍不住发笑吗？

这个故事是个上流社会的人告诉我的，论战的时候他就在现场，他没漏掉争辩双方当时不恰当的话语，那是在争辩时产生的激动经常会驱使人们去做的。既然习惯会让这类事情经常发生，那么教育就更应该小心地加以提防。对他人身上的这种毛病没有人不去指责，尽管他们对自身的这类缺点视而不见。也有很多人能意识到自己身上的这种毛病，并决心改正，然而这种不良的习气，是由于他们所受的教育的疏忽所致，已经养成了习惯，所以仍然不能摆脱。

146. 如果我们将上面所说的关于伴侣的话再好好考虑一下，或许它会给我们带来更大的展望，使我们知道它带来的影响有多么深远。交际让人们铭记的不只是礼仪的样式，同伴的色彩要比外在能更深地进入到人们的内心。如果把世上的道德和宗教做一个准确的估计，我们就会发现，绝大多数人不惜献身去获得的观点与礼仪，依据的多是本国的时尚以及经常的实践，而不是任何理智上的信念。我这么说的意思只是要你明白，我认为伴侣对你孩子生活的各个方面有多么重要的影响，因为伴侣作用在他身上的力量，要比你所能给予的全部都大得多，所以应受到高度的重视，并有所准备。

学问在教育当中的作用

147. 我将学问放在最后，尤其是如果我告诉你，我觉得学问是最不重要的一部分，你可能会觉得惊讶。这话从一个书呆子的口里说出来似乎是很奇怪的。通常大家为孩子所奔忙的即使不全是学问，但主要也是学问，当人们谈到教育时，所能想到的差不多也只有学问这件事，所以我的说法就更显得自相矛盾了。当我想到，为了一点拉丁语和希腊语，人们做了多少无谓的忙乱，耗费了多少年的时间，弄出了多少没有意义的喧闹和事端时，我就禁不住想到，孩子的父母还在依靠学校管理者的教鞭来让孩子有所畏惧，他们把这看做是教育的唯一工具，好像学会一两种语言就是教育的全部事务。大家觉得一个孩子为了掌握一两种语言，要在他人生最好的岁月里拿出七八年甚至十多年的工夫去苦学，我却认为，孩子所花的辛苦和时间可以大打折扣，难道它们不是几乎可以从游戏里学到吗？

请你原谅我，如果我说，我不忍想象，一个年轻的绅士会被放到牧群里面，被人用鞭子驱赶着，好像要让他受夹笞刑似的跨越几个年级，就是为了接受天才的教育。结果会怎么样呢？你说不要他写字和读书吗？我们教区的牧师把霍普金斯和斯滕霍尔德当作是世界上最出色的诗人，是他自己的理解有问题，将二人的真实身份弄得一团糟，难道你要让他变得比这个牧师更愚昧无知吗？不要这样，不要这么快，我在这儿恳求你。

读书、写作和学问，我承认是必要的，但不是主要的工作。我想，如果有人不将一个道德高尚的人或是有智慧的人看得远比一个伟大的学者更为重要，你也会觉得他是一个非常愚蠢的家伙。可我也认为，对心智良好的人来说，学问对德行和智慧都有很大的帮助，但同时我们也必须承认，对心智不是那么良好的人来说，学问就只能会让他们更加愚蠢，成为更差的人。

我说这些就是为了让你考虑孩子的教养问题，在为他寻找一个学校老师或家庭教师的时候，不要只是（像往常一样）想着拉丁文和逻辑学。学问是一定要有的，但应放在第二位，只能从属于更高的品质。你应寻找一个知道怎样去谨慎地表现自身礼仪的人。你要尽可能将孩子交到他的手上，以确保孩子的单纯，要珍惜并培育其善行，温和地纠正并消除他身上的任何不良倾向，让他养成良好的习惯，这才是最重要的一点。如果能提供给孩子，我觉得就能获得学问，而且是用我们所能想到的非常快的办法去得到。

教会孩子正确地读书

148. 当他到了能说话的年纪，就应该开始学习阅读了。但与此同时，我又要提起一件非常容易被大家遗忘的事，这里再反复说一次。那就是，你要特别当心，绝不能把读书当成他的一种工作，也不能让他把读书看成一项任务。

我已经说过，我们生来，甚至从婴儿时期开始就爱好自由，所以我们对许多事情之所以感到厌恶，没别的原因，只因为那些事情是强加给我们的缘故。

我常有这样一种怪想，那就是学习可以成为孩子的一种游戏和娱乐，如果学习能被孩子当成一件光荣的、值得赞扬的、快乐的以及带有消遣意味的事，或是把它当成因为做了某事的奖励；假如他们从没因为忽略了学习就受到责备或纠正，他们是会渴望被教导的。

有一件事使我对这种见解更为坚信，那就是在葡萄牙人那里，孩子们把学习读书和写字看做一种时尚和竞赛，要阻止他们这么做都不行。他们彼此相互学习，如此专心致志，好像有人禁止他们去学似的。我记得我曾在一个朋友家，他的小孩子穿着童装，要他读书非常不容易（他在家里由妈妈教他读书），于是我建议他们换个方法，别要求孩子把读书当作他的一种责任。因此，我们自己故意谈论起这件事，并让他听见，但一点儿都不注意他。我们说，当学生是继承人和长子的特权及优势，读了书就可以成为高尚的绅士，得到每个人的钟爱，而允许他们更小的兄弟受教养，只是一种恩惠而已，教他们学习读书写字，已经超出了他们应得的，如果他们高兴的话，尽可以去变成一些无知的乡巴佬和笨蛋。

这个办法果然产生了效果，从此以后，他自己就想要受教育了。他会自己走到母亲面前去学习，在女仆听他读书之前，也不让她得到安静。我相信，这种类似的办法也可以用在其他孩子身上。如果我们发现了他们的性情，就可以把某些想法逐步灌输给他们，使他们自己产生对学习的渴望，把学习当成另外一种游戏或消遣去追求。但是，正如我之前所说，一定不能把学习当成一种任务强加给他们，也不能成为他们的一种烦恼，我们可以在骰子和玩具上面粘上字母，在游戏时教他们认字母表。此外还能发现许多适合他们特殊性情的方法，可以让他们把学习作为一种游戏。

149.这样，孩子们就能被诱导着去学习有关字母的知识。在教他们阅读时，不要认为这是需要别人鞭打才能去学的东西，只要把它看成是一种游戏就行了。孩子们不要把任何诸如工作或是其他严肃的事情放到自己身上，这是他们的精神和身体都不能承受的，会损害他们的健康。

我相信，许多人在一生当中都憎恨书本和学问，原因就是当他们在敌视所有的这类约束的年纪，被迫束缚在书本当中。这就像是吃得过多一样，吃饱之后产生的厌恶是很难消除的。

150.所以我认为，假如他们平时根本就没有玩具能够与教学的目的相适应，我们就可以设法让孩子在自以为只是玩耍的时候教他们阅读。例如，如果我们做一个象牙球，就像是皇家橡树彩票抽奖所用的那样，有32面的，或者最好是24面或25面的，然后在一些面上贴上一个A，在另一些面上贴上B，其余的面贴上C和D，你看怎么样？我想让你在开始时只贴这4个字母，或者只贴两个，等他熟练之后，再一个又一个地增加，一直到每个面上都有一个字母，全部字母都有了为止。我打算让别的孩子在他面前玩这个象牙球，玩的时候可以采取打赌的办法，看谁先掷出一个A或者B，就像是掷骰子的时候，看谁先掷出6点或7点一样。这是你们的游戏，不要引诱他参加，以免把它当成一项工作。因为我不想让孩子认为这不过是年纪稍大的人玩的一种游戏，我相信他自己也会喜欢上这种游戏的。

为了让孩子更有理由认为这是一种游戏，所以只能在有时候受到恩惠的许可时才能加入。游戏做完后，就要把球收在一个保险的地方，不让他够到，免得他将球随时占有，从而失去新鲜感。

第十部分

151.要保持他求知的渴望，就要让他觉得这种游戏是属于他所不如的人的。通过这种方法，在掌握了字母之后，再把字母换成音节，他就可以不知不觉地学习阅读了，绝不会因此受到任何责备或烦恼，也不会因为书本中难懂的用法以及由此给他带来的恼火，而对书本感到厌恶了。

如果你留心观察孩子，就会发现，他们常常付出很多的辛苦去学习几种游戏，如果那些游戏是命令他们去做的，他们就会厌恶，就像厌恶任务和工作一样。

我认识一个很有身份的人（他的学问和德行要比他的出身以及显赫的地位更值得尊敬），他把六个元音字母（因为在我们的文字里面，Y也是一个元音字母）粘在一个骰子的六个面上，把剩下的18个辅音字母分别粘在另外三个骰子上，把这个当成他孩子的一种游戏，看谁能一次用这四个骰子掷出的字数最多，谁就获胜。那时他的大孩子还是个穿着童装的小孩，他如饥似渴地投入到这个游戏当中，在玩耍中自己就学会了拼音，从来没因此受过责骂，也没有被强迫着去学。

152.我曾见过一些小女孩，好几个小时在一起，费很大力气，要把自己变成掷石子的专家。我在一边看的时候就想，这只是缺少一些好的想法，能让她们利用所有的勤奋，来做一些对她们来说更有用的事情。在我看来，这仅是由于年长人的过失和疏忽所致。

相对成人来说，孩子们远没那么容易懒散。如果他们忙碌性情的一部分没有用到有益的事情上面，那么成人应该为此受到责备，如果成人愿意付出哪怕一半的力气去引导孩子，让孩子像那些小猴子一样去追随，那么那些有益的事情通常也会让孩子非常高兴，就像是他们曾玩过的游戏一样。

我想，在此以前，有些聪明的葡萄牙人就已经在他们国家的孩子当中开创了这种方式。在那里，就像我说过的那样，要阻止他们的孩子去学习读书和写字，那是不可能的事。在法国的某些地方，孩子们也都从最小的时候起互相学习唱歌和跳舞。

153. 贴在骰子或多边形物体上的字母，开始时大小最好和对开的《圣经》上的字母相同，全都不要用大写。当他一旦能阅读这种小写字母所印的东西后，对大写字母也就不会长期忽略了。在刚开始学习的时候，不要让他因为多样化而感到迷惑。你也可以把这种骰子当成皇家橡树一样的游戏去玩，这又是另一种玩法，在玩的时候，可以用上樱桃或苹果等东西。

154. 除了这些，凡是喜欢这种方法的人，只要他们愿意，就能很容易地发明很多别的根据字母骰子进行的游戏，来达到这个用途。不过，我觉得我上面所说的四个骰子非常的容易和有用，要找到比它更好的会很难，所以也就不用再另外去找了。

155. 关于学习阅读，我已经说了很多，就是千万不要强迫他学习，也不要因此责备他，你要尽你所能去诱导他，但是不能将其作为他的一项任务。在他能阅读之前，你宁可让他晚一年学会读书，也不要让他因此对学习感到厌恶。如果你要跟他进行一些争论，也只能在重要的、关于真理的和好的事情上，但是不要把ABC当作任务强加给他。你要使用技巧，让他的意志变柔顺，并顺从理智。你应该教他爱上信誉和赞扬，让他害怕被人尤其是你和他的母亲认为是讨厌的或卑贱的，然后，其他的一切就都能轻易地达到了。不过，我认为，如果你要那么做的话，就一定不要在无关紧要的事上定很多规则，对他加以束缚，也不要为他的每一个微不足道的错误，或一些可能别人看起来是大的错误去指责他。关于这一问题，我已经说得够多了。

为孩子挑选合适的书籍和阅读方法

156. 当用这些温和的方法让他开始读书的时候，要把一些容易的、有趣的而又适合他能力的书，放到他的手上，书中的乐趣若被他发现，就能吸引他前进，并作为他辛苦读书的奖励，不过所选的书不能让他的头脑充满完全没用的、徒有其表的东西，或是打下邪恶与愚蠢的根基。

要达到这个目的，我觉得《伊索寓言》是最好的，它里面是一些故事，很容易让孩子感到快乐，产生兴趣，还能给成年人提供一些有益的思考。如果这些故事能留在他的记忆里，在他以后的整个人生当中仍存在于那勇敢的思想和重要的事情中，他也不会为此感到后悔。当书籍承载的知识增加时，比如他的《伊索寓言》里配有图片，那会让他更有兴趣，并可鼓励他去阅读，因为在孩子的观念中如果没有这类能看得见的事物的话，光听人说说是没用的，也不能获得任何满足。这些观念不能从声音当中得到，只能从事物本身或它们的图片上获得。所以我认为，当他开始学习拼写的时候，你就要尽量把能找到的很多的动物图片提供给他，并在上面印上动物的名称，这么做可以诱发他去阅读，同时还能给他提供一些发问和求知的材料。

《列那狐的故事》我认为是另一本可以用来达到同样目的的书。当他懂得其中的某些用处和乐趣时，如果他周围的人经常和他谈论他读过的故事，听他讲那些故事，那么除了其他的好处，还将对他的阅读增加鼓励和快乐。而通常所用的方法似乎完全忽视了这种诱惑，初学者往往要花很长时间才能发现阅读当中的一些用处和乐趣，被吸引着去阅读，而之前他们会觉得书本只是一种流行的娱乐活动或是无关的麻烦，没什么好处。

157. 主祷文、教义和十诫是他有必要学习并熟记于心的，但我认为熟记的方法不是让他自己捧着入门书去读，而应由别人反复地读给他听，甚至在他能够阅读之前就可以这样进行。不过，我觉得不应该把熟记和学习阅读混为一谈，以免它们互相阻碍。另一方面，不应该让学习阅读成为他的麻烦，或是变成他的工作。

我不知道在英语里是否还有类似上面所提到的其他种类的书籍，容易引起孩子的兴趣，吸引他们去阅读，但是我倾向于认为，孩子一般都是托付给学校，采用学校的方法，可学校却只知利用教鞭来吓唬他们，强迫他们，却不知道利用学习中的乐趣诱使他们学习。当这些有用的书籍跟别的各种糊涂的书籍放在一起时，是注定会被人忽视的，除了启蒙书、入门书、圣诗集、圣约书和圣经这种带有寻常方法的书以外，我觉得没什么可考虑的。

158. 至于孩子们通常拿来利用，以训练和提高其阅读能力的《圣经》，我认为，如果他们按照章节的顺序乱读一气，那么，要让孩子从中有所获益，就遥不可及了，无论是改善他们的阅读能力，还是确立他们的宗教信仰，恐怕都找不到一个比它更糟的方法。因为孩子自己在练习阅读一本他完全不了解的书籍的各个段落时，怎么能从中得到乐趣，或是受到鼓励呢？而“摩西律”、“所罗门之歌”、《旧约》里的“预言书”以及《新约》里的“使徒书”和“启示录”，不是太难理解了吗，又怎么能适合孩子的能力呢？虽然“福音书”和“使徒行传”的有些地方容易一点，但总体来说还是和儿童时代的理解力极不相称。

我承认，宗教的原则是从那里提取的，或是体现在圣典的文字当中，但只有适合孩子能力和观念的部分，才能推荐给孩子阅读。不过，这与阅读《圣经》全文，以及为了阅读而阅读还是大不一样的。如果一个孩子在幼小的年纪淡漠地读完《圣经》的所有段落，只知道那是上帝的话，再没有什么别的特点，那么，他的头脑里要是还有一点他应具备的关于宗教的东西，他的思想一定会很混乱！我倾向于认为，这正是有些人对于宗教，一生都没有过清晰明确的看法的原因。

159.现在我碰巧提到了这个话题，不妨再说几句。《圣经》里的有些部分是适合放在孩子手上，吸引他们去阅读的，比如，约瑟和他兄弟们的故事，大卫和歌利亚的故事以及大卫和约拿旦的故事等，还有其他的各种他应该当做教诲去读的部分，例如“你要别人怎样待你，你便先得那样去待别人”之类，类似的其他简单明了的道德规则，只要选择得当，通常都可以让他用来阅读，同时受到教诲。所以，应该让孩子经常阅读，直到完全铭刻在记忆当中。之后，当他逐渐长大，到可以实践这种规则的时候，我们就应在他们转折期的适当时机，对他反复灌输，使之成为他生活与行动的标准和神圣的规则。但如果在阅读全部《圣经》时漠不关心，我觉得对孩子们也是极不适宜的。在此之前，他们应该先熟悉其中最通俗、最基本的部分，对自己主要应该信奉和实践的事项有个大致的了解，而这些，我认为他们应该从《圣经》的原文中去获得，而不要从那些通过体系和类比，有了先入为主的观点的人那里获得，他们在这种情况下易于利用这些观点，并强加于人。

沃辛顿博士为了避免这种情况发生，编了一部《教义问答》，里面的答语全都出自《圣经》那精确的文字，可以说是一个很好的范例，这种词语的完好形式不会被任何一个基督教徒认为不适合他的孩子去学习而反对。这样，只要孩子们能说出主祷文、教义和十诫，他就可以用心按照自己的理解所能接受以及记忆所能保留的，每天或每星期学习一个问题。当他把《教义问答》烂熟于心，对整本书里的任何问题都能全面回答时，他就可以很近便地将心思放到剩余的散布在整部《圣经》里的道德规则上面，作为记忆的最好练习以及在整个人生当中的行为准则。

学会阅读后需要练习的其他本领

160. 当他能够很好地阅读英文的时候，就可以合时地让他去学写字。在这里，应该教他的第一件事就是准确地握笔，当他被允许在纸上写字之前就应掌握正确的握笔姿势。不光是孩子，任何人都是如此。要想做好任何事，一次就不要揽得太多，如果一个动作能够分成两部分，他们就不能希望自己同时把两部分都完美地掌握。我觉得意大利人只用拇指和食指握笔的方式或许是最好的，不过关于这一点你可以向一些优秀的书法老师或是任何其他字写得又好又快的人请教。

当他学会正确地握笔后，下一步就应该让他学会怎样铺纸，怎样放置手臂，以及身体要保持怎样的姿势。这些练习都做过之后，有一个教他写字而又不很麻烦的方法，就是去找一块刻着文字的板子，文字尽量是你最喜欢的。但你一定要记住，板上的字要比他平时所写的大一些，因为不管是谁，写的字总是要比初学时逐渐地变小，后来则自然地越写越小，而绝不会越写越大。木板刻好以后，你可以拿几张上好的书写用纸，用红墨水把字印下来，他只要用一支好笔，蘸满墨水，照着这些字的样子勾画一遍就行。开始时要向他说明：每个字母要从哪里起笔，应怎样构成，这样就可以很快地让他的手能书写那些文字了。当这一步练得很好之后，他就要去白纸上进行练习，这样他就会很容易地写出你所期望的一手字了。

161. 当他的字写得又好又快时，我觉得就不仅应该继续练习写字，还可以进一步学习绘画，让手的用处有所增加。在有的时候，绘画对一个绅士是非常有用的，尤其是在他旅行时，有的东西就算写满整张纸，也不能表述清楚，让人明白，但只要好好地画上一些线条，组合起来，在大多数情况下就可以帮助一个人表达他的意思。一个人无论看见多少建筑物，遇到多少机动车辆，以及看过多少宗教服饰，只要凭着一点绘画的技巧，就能很容易记住它们的大致情况，并跟别人交流。而如果用文字将其写下来，就会有无法再想起的危险了，即使是有最精确的描述，最多也不过是个令人不满的印象。难道不是这样吗？

我的意思并不是说希望你的孩子成为一个理想的画家，要达到过得去的程度，需要大量的时间，一个年轻的绅士还要在其他更重要的事上获得进步，抽不出很多时间。但要是他在绘画上只求懂得点透视画法和技巧，除了外貌，能把其他所见之物都画在纸上，并过得去，就可以了。我觉得这要不了多少时间就可以学会，特别是如果他具有这方面的天赋，就学得更快了。不过，要是他缺乏这方面的才能，那么，除了绝对必要的事情外，最好就让他平静地过去就得了，不要让他无故地为此遭受烦恼。所以在绘画以及其他一切不是绝对必要的事情上面，规则都是保持不变的，也就是，不要违背密涅瓦[1]的意思。

我曾听人说，速记作为艺术，只有在英格兰才被人们所知晓，认为或许是值得去学习的，一方面是因为它可以让人们快速地记下要记住的东西，其次是它可以隐匿人们不愿意公开的事。因为一个人一旦学会了任何一种文字，就能很轻易地将其进行改变，以适合自己的私用或设想，如果再缩略一下，就能适合于自己将要从事的工作了。里奇先生在这方面的发明或许是我见过的最好的一种了。

正如我所认为的，一个语法很好，又能对此仔细考虑的人，可以将

---

① 密涅瓦：古罗马神话中的智慧女神，传说是她把纺织、缝纫、制陶、园艺等技艺传给了人类，因此，她最受雅典人的尊敬，栖落在她身上的猫头鹰因此成了智慧的象征。

其变得更容易、更简短。不过要学习这种简要的书写方式，不需要仓促地去找一位教师，等他的手能够运用自如，把字写得又好又快时，再寻找合适的机会，在任何时间去学习，都不算晚。因为孩子们几乎用不着速记，在他们的字写得尽善尽美、并成为完全固定的习惯之前，一点也不要去练习速写。

让孩子学习其他的语言

162. 当他到了能说英语的时候，就该学习别的语言了。如果建议孩子去学的是法语时，没人会对此怀疑。理由是，一般人通常用正确的方法来教授这种语言，也就是不断地跟孩子进行对话，而不是诉诸语法规则。如果经常和他在一起的教师只跟他说拉丁语，不跟他说任何其他语言，并且也只让他用同样的语言来回答问题，那么，他的拉丁语也同样很容易学好。不过，由于法语是一种生动的语言，更多地用在说话当中，所以应该先学。那时孩子的说话器官还很柔韧，能够适应这种声音的形成，从而可以很好地养成法语发音的习惯，这是耽搁的时间越长越难做到的。

163. 采用这种方法，通常花上一两年，他就能把法语说好读好了，这时他就应该继续学习拉丁语。但奇怪的是，有的父母虽然在法语上做过尝试，但并不认为拉丁语也应采用同样的说与读的方式来学习。当孩子和教师在一起，通过说与读，而不是任何其他方式学习这些外语时，只有一点要注意，那就是不要忘记阅读英语，这可以由他的妈妈或其他人通过每天听他从《圣经》或别的英语书上选读几部分来维持。

164. 在我看来，拉丁语对一个绅士而言是必不可少的。的确，压倒一切的习俗已将其变成了教育的一个如此重要的部分，以致让那些孩子在鞭子的驱使下，花费大量宝贵的时间不安地投入到拉丁语的学习当中。尽管他们一旦离开学校，一辈子再也用不着和拉丁语打交道。

一个做父亲的浪费自己的金钱与孩子的时间，让他去学习罗马人的语言，同时又打算让他从事一项根本用不着拉丁语的行业，他在学校里学到的一点拉丁语，之后也很难不忘得精光，而且因为学习时受到虐待，所以对拉丁语也十之八九会感到厌恶，那他还能去为此努力吗？一种语言在一个前途已被安排好的孩子身上根本就没什么用处，但他仍要被迫去入门。

写一手好字和记账的本领在生活的各个方面都有着很多的好处，尤其是在大多数行业里，都是不可缺少的，但却被忽视了，如果不是我们周围到处都有这种例子，这种情形能让人相信吗？不过虽然这些经商处世的要素在文法学校里是很少或者是根本无法获得的，然而，不仅绅士们将打算从事贸易买卖的幼子送进文法学校，就是商人和农夫，虽然他们既没有意向，也没有能力去使他们的孩子变成学者，也都把孩子送了进去。如果你问他们为什么要这么做，他们会认为这是一个奇怪的问题，就好像你问他们为什么要去教堂一样。这样，习俗可用作理智，在那些把习俗当成理智的人看来，这种方式是神圣的，被他们近乎虔诚地奉行着，他们恪守这种做法，就好像他们的孩子如果不学利黎的文法，就等于没有受过正统的教育一样。

165. 无论拉丁语对有些人有多必要，而对另外有些人虽然没有用处，也被认为是必要的，然而对于文法学校所用的普通的教授拉丁语的方法，经过思考后我觉得是不能加以鼓励的。

反对这种教法的理由是很明显的，令人信服的，一些聪明的人也被说服放弃了这种寻常的办法，获得了成效，尽管他们所用的方法还不完全是我所想象的最简单的方法。

简而言之，这个方法是这样的，那就是根本不要用文法去麻烦孩子，不要受规则的困惑，要像说英语一样，用拉丁语跟孩子进行交谈。因为，如果你能细想，就会明白，当孩子刚来到这个世界上时，对他来说，拉丁语并不比英语更陌生。但他既不要先生、规则，也不要文法，就开始学习英语了。

学习拉丁语也同样如此，如果经常有人用这种语言跟他谈话，他也能像西塞罗那样，学好这种语言。我们时常看见一位法国妇人教一个英国女孩法语，不要任何文法规则等东西，只是跟她闲谈，只要一两年的功夫，英国女孩就能完全用法语交谈和阅读了。这就不能不令我感到奇怪，绅士们怎么在他们的儿子身上错过了这种方法，认为儿子不只是比女儿迟钝，能力也没有女儿强。

166.所以，如果你能找到一个拉丁语说得好的人，总是跟你的孩子在一起，经常和他说拉丁语，不让他说或是读别的语言，这才是正确的、名副其实的教拉丁语的办法，我要建议的就是这种方法。这不仅是孩子学会一种语言的最简单的和最好的方法，能让孩子不受痛苦、不被责备，就能学会别人在学校里经常受鞭打、花上六七年时间才能学会的语言，同时还可以塑造孩子的心灵和习惯，并引导他学习几种其他的学科，比如地理、天文、年代学、解剖学的大部分，历史的某些部分，以及其他一切在感官范围内，又只需要运用记忆来掌握的知识。因为如果采用我们正确的方法，我们的知识就会随之到来，在这些事物上奠定基础，而不是在逻辑和形而上学的抽象观念上奠定基础。因为在悟性刚一开始准备向知识靠近的时候，它们只能使悟性得到娱乐，而不能对它产生什么影响。当年轻人把脑筋用在这种抽象的思考上面，过了一段时间，要是还没有取得成功和进步，或是没达到他们预先期望的效果时，他们很容易就会对学习或是他们自身产生不如人的想法。他们就会被诱使着放弃学习，扔掉书本，因为他们觉得书本里除了难懂的字句和空洞的声音，什么都没有。要不然，他们就会得出结论说，如果书里面有一些真正的知识，那就是他们自己没有理解的能力。

情况就是这样，或许我根据自己的经验就可以向你保证。当与一个年轻绅士年纪相仿的人正在全力学习拉丁语和文风时，在他用这种方法所学习的其他事物中，我也可以把几何学也加上去。因为我知道一个用这种方法培养的年轻绅士，在他13岁以前就能证明欧几里得的好几条定理了。

当学习遇到困难时教师和家长要采取的态度

167. 不过，如果你找不到这样一个既能把拉丁语说得很好，又能在知识的所有领域对你的孩子进行教导的人，愿意通过这种办法来承担教育的责任，那么其次的一个最好的办法就是尽量用接近这个办法的办法去教他，可以拿一些简单又有趣的书，比如《伊索寓言》之类。把英语翻译（尽量照字面意思翻译）写在一行，再把相应的拉丁文写在上面一行。每天都让他反复诵读，直到完全理解了拉丁文的含义为止。然后再让他读别的寓言，也是直到他完全掌握为止。练习时，即使他已经熟练的部分也不要删掉，要经常温习一下，来维持他的记忆。当他练字的时候，可以用这些作为他抄写的范本，这样，他既让手得到了练习，也让拉丁语得到了进步。

相对于用拉丁语直接和孩子会话，这种办法稍显逊色。所以，教的时候首先要让他熟悉动词的构造，然后再把名词和代词的词尾变化完全烂熟于心，这样可以帮助他对拉丁语的特征和风格有所了解。拉丁语的动词和名词的含义变化，和现代语言不一样，不是加上前缀，而是改变最后一个音节。

对于超过了这些的文法，我觉得他是没必要掌握的，直到他能自己用斯齐阿贝乌斯和佩里佐尼乌斯[①]的注解去读“圣密涅瓦”的时候为止。

在儿童的教育中，我认为还有一点是要遵守的，就是在大多数情况

① 斯齐阿贝乌斯和佩里佐尼乌斯：均为希腊史学家。

下，如果他们遇了困难，不应该通过提问的方式让他们自己去发现解决的办法，这会让他们更加茫然，例如问他们所要分析的句子的主格是什么。或是当他们不能迅速说出答案的时候，因为想让他们明白“已经带走”代表什么意思，就先问他们“带走”是什么意思。这么做只能是浪费时间，令他们不安。因为，当他们将自己的注意力用在学习上的时候，应该让他们保持一个好的心情，觉得一切事情都很容易，并尽可能地让他们感到愉快。所以，无论他们在什么地方停下来，同时又想前进时，请不要批评或指责他们，而要马上帮助他们克服困难。请记住，如果老师用了比较严厉的办法，那就是受了骄傲和脾气坏的影响。他希望他掌握的知识，孩子们差不多也要马上掌握，然而，他应该考虑到，他的任务在于让孩子养成习惯，而不是气呼呼地反复向孩子灌输规则。规则对我们的生活行为用处不大，至少对孩子来说是没有用处的，因为孩子是一有了规则就会忘的。

在需要运用理智的科学上面，我不否认这种方法有时会有变化，我们可以故意设置一些难题，去激发他们的勤奋，使他们的内心习惯于在思考方面竭尽全力并做出精确的判断。但我认为这在孩子特别年幼的时候或是在他们刚入门任何类别的知识时都不可行。在那个时候，一切事情的本身都是困难的，教师的重大作用和技巧就在于尽可能地让一切事情变得容易，尤其是在极少能被孩子摆在恰当位置的语言学习问题上。因为靠着死记硬背、习惯和记忆才能学会的语言，当一切文法规则都被彻底忘掉时，才能说得上是最完美。

我承认，一种语言的语法有时需要特别仔细地加以研究，但这种研究只能由一个能让自己批判性地了解任何一种语言的成人去做，除了专业学者，这很少是其他人的工作。我觉得大家会同意，如果一个绅士要研究任何语言，他就应该研究自己国家的语言，这样可以对自己经常使用的语言获得一种绝对精确的理解。

至于教师为什么不应该为他们的学生增加困难，相反，却要让他们的道路变得平坦，当发现他们停滞不前时立刻帮助他们前进，还有一个更深层的原因。孩子们的心灵是狭小的、柔弱的，通常一次只可以容纳一种思想。无论有什么装在了孩子的头脑里，当时就会充斥着头脑，尤其是有激情相伴的时候更是如此。所以，当孩子在学习任何事物的时候，教师就应该发挥技巧和本领，为他们清除头脑中所有的杂念，最好是让他们的心灵腾出地方来，集中注意力、专心地接受他们应该接受的思想，否则这些思想就不会给他们留下印象。

孩子们的天性使他们的思想倾向于游移不定，新奇的事物可以吸引他们，无论什么诸如此类的事物出现，他们都会立刻急切地要去尝试，但过后就厌腻了。他们对同一件事很快就会觉得厌倦，所以他们的快乐几乎都是建立在变换和多样化上面。要让孩子去固定他们那稍纵即逝的思想，是与儿童时代的天性相矛盾的。这种情形不知是应归因于他们大脑的特征，还是由于他们的精力旺盛，不够稳定，不能完全受到心理的控制。

显而易见的是，对孩子来说，要将思想持续地用在一些事上，是一种痛苦。持久不断的注意是强加给他们的最艰巨的任务之一，所以，凡是要求孩子勤奋用功的人，就应该尽力使他所提议的事情令人愉快，至少也要小心，不要加入任何不愉快的或是可怕的想法。如果他们从书本当中没有产生某种喜欢和欣赏，那就难怪他们的思想会远离令他们厌恶的事情，而在中意的事物上寻求更好的快乐，随后他们就会不可避免地游荡了。

我知道，教师常用的办法是，尽力让学生集中注意力，如果发现他们有时有一点走神，就会指责和惩罚，去让他们将精神固定在手头正在做的事情上面。可以确定的是，这种做法会产生完全相反的效果。教师那激烈的言辞或打击会让孩子的心灵充满恐惧和惊吓，并立刻占据他的整个心理，使其再也没有容纳别的印象的空隙。

我相信，读了上面这段话的人都会回想起以前父母亲或教师那草率和专横的话，让自己的思想是何等错乱，他的大脑在当时变成了什么样，以致对于自己说了什么或听到什么都几乎不知道。他马上就会对所处的环境失去观察，内心充满了混乱和困惑，在那种情况下，再也不能注意到任何其他事物了。

的确，父母和教师应该让那些在他们指导下的孩子从内心敬畏自己，以确立自己的权威，并以此对他们进行管理。但是当他们获得了对孩子的支配以后，在使用这个办法时就要格外适度，不要把自己当成吓唬鸟儿的稻草人，使学生总是在他们面前发抖。这种严厉的办法，也许会让孩子容易管理，但对他们的好处却是微乎其微的。孩子的思想若是被任何情感，尤其是恐怖所主宰和扰乱时，他们就不应该学习，因为恐怖会对他们那稚嫩脆弱的心灵产生最强烈的印象。当你想要他接受你的教诲或者增加知识时，就应该让他的内心保持从容和镇静。你不能在一颗颤抖的心灵上写下流畅整齐的文字，就像你不能在一张抖动的纸上写上同样的字，二者是一致的。

教师的显著本领就是抓住并保持学生的注意力，做到这一点后，他就可以确保让学生在能力所及的范围内以最快的速度前进，如果他做不到这些，那他所有的奔走和忙碌就会没什么作用。

为了实现这个目的，他应该让孩子理解（尽可能地理解）他所教授的东西的用途，应该让孩子看到，利用他已经学到的知识，他就能做出一些以前所不能做的事了。这些事能给他力量和真正的益处，让他能优于其他那些在这方面无知的人。而且，教师在他的一切教导中，还要加上和蔼可亲。在他所有的行为当中，通过一定的温柔，让孩子感觉到教师是爱他的，所做的一切都只是为了自己好，这是在孩子身上产生爱心，使他肯去听课，从教师教给他的东西中获得乐趣的唯一方法。

除了固执，没有什么事应该采用专横或粗暴的方式来对待。所有其他的过失都应采用温和的手段去纠正，温和动人的话语能够对一个积极肯干的内心起到更好的作用，并对其产生更有效的影响，甚至能预防粗暴专横的做法经常在良好豁达的心理上造成的故意作对的缺点。当然，顽固和有意的疏忽是一定要进行控制的，即使要用鞭打的代价也值。但我倾向于认为，学生的无理取闹经常是教师冒失鲁莽的结果。而且，孩子如果不是因为受了不必要的和滥用的粗暴对待，养成了坏脾气，对他们的教师以及从教师那里来的一切事物产生厌恶，那么，大多数孩子很少应受到鞭打。

漫不经心、健忘、不稳定以及精神恍惚，这些都是儿童时期的自然缺点，所以，只要他们不是故意不遵守，就应该温和地提醒，并借着时间来逐渐克服。如果这类缺点每次出现偏差都能引起愤怒和责骂，那么责备和惩罚的机会将会经常到来，对学生而言，教师就会成为一个永远恐怖的、令人不安的对象。单是这一点就足以妨碍学生从教师的训诫当中获益，从而使他的一切教学方法都作废。

对于孩子，他应该经常表现出亲切和善意，以调和他从孩子的内心当中得到的敬畏，这种情感能够鼓励孩子去尽到他们的职责，使孩子们从遵守他的指示当中找到快乐。这样可让他们得到教师的满意，能让他们在倾听教师的话时，就像是听从一位对他们爱护有加，为了他们的好而甘愿吃苦的朋友一样。这就可以使他们在与教师相处时觉得从容自如，毫无拘束，只有具备这种情绪，心灵才能接受新知识，才能允许自身容纳各种印象，那些印象如果不被他们接受和保持，那么，他们和教师一起所做的一切就都是徒劳的，其中不安居多，学问则几乎没有。

关于孩子的文法学习

168. 当通过这种拉丁语和英语相间排列的办法，让孩子对拉丁语具备了适度的知识后，他就可以前进一步，去阅读一些别的简单的拉丁语书籍，例如查士丁①或尤特罗庇乌斯②的著作。为了让他在阅读和理解方面减少乏味和困难的感觉，如果他愿意的话，可让他用英语译文去帮助自己。

有人提出异议说，这样一来，孩子就只能通过死记硬背来掌握拉丁语了，然而任何人都没被这种异议吓着。如果仔细考虑一下，就会发现这种说法不仅在任何时候都不能用来对上述方法提出反对，而且很明显，它就是为这种学习语言的方式所用的。因为语言只能通过死记硬背来学会，那些不愿通过强记背诵将英语或拉丁语说得完美的人认为，一个人要开口讲话时，只想着要说的事情，不用去考虑规则或文法，他的舌头自然就会完完全全地表达那种语言的惯用语法，我觉得这种人既不能把语言说好，也不能熟练精通。

我很乐意知道一个人的名字，他能告诉我一种通过文法规则，任何人都能学会或能说的语言。

语言不是通过规则或技巧形成的，而是由于偶然和人们的共同使

---

① 查士丁：是基督教第二代护教士，以雄辩而闻名，可算是第一位接受基督教的哲学家。

② 尤特罗庇乌斯：公元4世纪后期罗马帝国晚期的历史学家，其生平后人知之甚少，只确知他曾随同皇帝尤利安远征波斯，随后又在皇帝瓦伦斯治下任机要秘书。

用。一个人要想把语言说得很好，除了那条规则，没有别的可以遵守。除了他的记忆，以及从那些规则当中学到的方法所形成的能让人适时开口的说话习惯，他不能依赖于任何东西。换句话说，就是只能通过死记硬背去学会说。

说到这里可能有人会问，那么文法就没有用处了吗？那些人们花了如此大的辛劳，才总结出来的几种语言的规则和言论，写下如此多的关于词尾变化和结合、关于词性一致与合并的人，都是徒劳的，学会了这些真就毫无作用吗？我说不是的，文法也有它的位置。但我觉得我可以说，文法受到的影响太多了，极大地超过了需要，那些为文法而受折磨的人，其实根本就不需要文法。我的意思是指在那个年纪，那些在文法学校里因为文法而常感迷惑的孩子。

没有什么比这更明显的了，用死记硬背这种方法学会的语言，用来应付生活和普通贸易上的共同事务是足够了。而且，那些身份高贵，与受过良好教育的同伴长期相处的女士也向我们表示，这种平易自然的，几乎不用学习文法或具备文法知识的方法，也能让她们的言语显得极度优雅和礼貌。有的女子从来不知道什么时态和分词，不知道什么是副词和介词，说起话来却恰当和准确（如果我说如同任何国民学校的教师，她们可能还会觉得那是一种不好的恭维），就像文法学校用普通的方法教养出来的大多数绅士一样，所以我们认为文法在某些情况下是可以省略的。然后有人就会问了，什么人应该在什么时候可以学习呢？我的回答如下：

第一，人们学习语言是为了普通的社会交往以及共同生活中的思想交流，没有什么进一步的用处。对于这个目标，最初那种通过会话去学习一种语言的方式不仅已经足够用，而且因为它最迅速、最合适、最自然，也是一个首选的方法。因此，就语言的这个用处而言，人们也许可以说：文法不是必需的。这一点，我的很多读者不能不承认，因为他们明白我在这里所说的意思，一个人在跟他人交谈时，就算他以前没有学过英语文法，但也能理解他人的意思。我认为这种情况在英国人中无可比拟地占了绝大多数，而通过规则学会母语的人，我还没有听说过。

第二，另外还有一种人，在这个世上，他们绝大多数是靠口舌和笔杆子为生，如果方便的话，即使不是必须的，他们也应该把话说得恰当又正确，这样可以让自己的思想更容易地进入别人的内心，留下更深的印象。所以，对一个绅士来说，无论他用哪种说法，只想让人明白意思是不够的。他应该研究别的能帮他把话说得很好的文法，但一定要是他的母语，而且是被他使用的语言的文法，这样他才能理解自己国家的语言。

说话要得体合适，谈吐中不要用一些语法错误的、令人不快的、不合规矩的话，让听的人觉得刺耳。要达到这个目的，文法是必需的，但只能是他们自己固有语言的文法，以及那些辛劳地在自己的语言上进行耕耘，使文风完善的人。是不是所有的绅士都应该这样去做，我把这个问题留下来考虑。

既然缺少礼貌以及语法的正确性被认为是极其不适宜于这个阶层的，那么一个人有了这种过失，就会经常被人指责为是受到了低级的教养以及与不符合他身份的糟糕的伙伴进行交往。如果这种说法是对的（我假定这种说法是对的），那么，为什么年轻的绅士们被迫去学习外国的、不再通用的语言的文法，却从来没有人把他们本国语言的文法告诉他们，这不能不说是一件奇事。他们根本就不知道有这种东西，更别说受到相关的教育了。也没人告诉他们，说他们的本国语言是值得他们关注和用心去学的。虽然他们每天都要使用国语，而且在未来的生活中，表达得优美还是笨拙，常被人们当作评判他们自身的标准，而他们如此用心研究过文法的语言，今后可能也很少有说写的机会，即使有了运用的机会，他们所犯的错误和过失也会得到谅解。

如果有一个中国人注意到了这种教养的方法，会不会容易想到，我们的年轻绅士们全都被安排去当教师或教授，教外国那消失了的语言，而不是成为本国语言的行家？

第三，还有第三种人，他们专心致志地研究两三种已经消失的外国的（在我们当中被叫做的）博学的语言，激发自己对这些语言技巧的兴趣。无疑，凡是打算以这种态度去学习一种语言，并苛求精确掌握的人，应该仔细地研究它的文法。在这里，我不希望被人误会，好像我轻视希腊语和拉丁语似的，我承认这些语言有着很多的用处和优点，一个对它们不熟悉的人在世界的这个学术领域不会有什么地位。但一个绅士通常要从罗马和希腊的作家中汲取对他有用的知识，我认为，他可以不用研究这些语言的文法就能获得，只通过阅读就能充分地理解它们，以实现他的所有目的。至于今后对这两种语言中任何一种的文法以及关键细节的关注在什么时候达到什么程度，那是在他打算研究一些事情有所需要时，可以自己决定的。这就把我引到了问题的另一个部分，也就是：

文法应该在什么时候学习？

下篇　孩子的学习教育

第一部分

基于之前谈到的前提，答案是显而易见的，那就是：

在任何时候如果要教授文法，一定要教给一个已经能说那种语言的人，要不然他怎么学习那种文法呢？这一点，至少能明显地从古代那些有智慧、有学问的国家的实践当中看出来。他们把文法作为培育本国语言而不是外国语言的教育的一部分，希腊人把所有其他民族看做是未开化的，并且鄙视他们的语言。罗马人在共和国的末期，虽然对学习希腊语有所认可，但他们的年轻人研究的还是罗马人的语言，使用的是他们自己的语言，所以他们所学的和所练习的也都是他们自己的语言。

不过，如果要更具体地确定教授文法的恰当时机，我觉得文法除了可以作为修辞学的引言，此外我就看不出还有什么理由可让人们去做任何研究了。当一个人要对自己的语言小心润色，说话要比目不识丁的人说得好时，才到了可以学习文法规则的时候，而在这之前则不要去学，因为文法的作用不在于教人能说话，而在于让人能恰当得体地，且按照语言的准确规则去说，这是让语言优美的一个要素。如果一个人在这方面没有需要，那么文法上的规则对他来说就几乎没什么用了；如果修辞学不是必要的，文法也就可以省掉了。

我不知道为什么一个不想成为拉丁语的评论员，或是不想用拉丁语演讲，不想用拉丁语写急件的人，却要浪费他的时间，为拉丁语的文法而挠头。一个人如果觉得自己有必要，有要研究某种外语的意向，想要非常准确地了解它，他是应有足够的时间用在文法的总体研究上。如果他使用这门外语的目的仅是为了能理解用该种语言写出的一些书籍，不苛求能了解语言本身，那么正如我所说，单是阅读就能够达到这个目的，而不必让内心承载繁多的规则和错综复杂的文法。

学习语言要重在应用

169.为了让孩子练习写作，有时候你可以让他把拉丁语翻译成英语，不过拉丁语的学习只能是对单词的学习，这种工作无论对于年轻人还是年老的人来说都是非常令人不快的，所以你要尽你所能在其中增加一些别的真正的知识。在一开始时，仍然要利用感官去感知那些最容易理解的事物，例如矿物、植物和动物的知识，尤其是林木、果树以及它们的组成部分还有培植方法的知识，其中有很多都可以教给孩子，而这些东西对成人也不会没有用处。至于地理、天文和解剖学则尤其要加以利用。但不管你教他什么，都要小心，不要一次塞得太多。同时除了单纯的德行，不要让任何事成为他的任务，除了邪恶或某些明显的倾向，不要为任何事去责骂他。

170.但如果他以后的命运要求他去学校学习拉丁语，那么，就算我把我认为的在学校中观察到的最好的相关办法告诉你，也是没有用的。你只能顺从那里的一切，不能指望着会为你的孩子有所改变。但如果可能的话，你仍然要通过各种办法，不让他用拉丁文写作文和演讲，尤其是不要写任何诗。如果这种办法能带来一些好处的话，你就要坚持不懈，说你没打算把他变成一个拉丁语的雄辩家或诗人，仅仅希望他能完全理解一个拉丁语的作家就行了。你通过观察发现，那些教授任何现代语言并有所成就的人，从来不为逗乐，而是让学生用法语或意大利语演讲或作诗。他们的任务仅限于语言，而不是虚构。

不一定要让孩子练习写作文

171. 不过，关于为什么不让他练习写作文和作诗，我还要更详细地告诉你。第一，我承认，作文有些有用的借口，就是无论对任何主题，它都能教人说得大方得体。如果用这种方式真能达到这个目的，我承认那也是个很大的益处，一个绅士能在任何场合并根据当时的目的，把话说得很好，对他来说没有什么比这更合适了，在生活的所有事情中也没有什么比这更有用了。但我要说，这种作文方法，就像学校里通常所用的那种，对这一目标的实现没有一点帮助。因为你只要考虑一下，年轻人在作文的时候所使用的是什么，无非就是一些拉丁谚语，如“爱征服一切”或“虽然非圣贤，孰能无两次犯错”之类去编撰一篇演讲词而已。

可怜的年轻人，对那些自己所说的事情缺乏了解，而这些只能通过时间和观察去获得，却还要冥思苦想，在他完全不懂的事情上说点什么。这是一种埃及式的暴政，他们没有任何材料，却要命令他们去制作砖块。所以，通常在这种情况下，可怜的孩子们就常常跑去请求那些高年级的人，请给我一点感觉吧。这当中到底是合理的成分多，还是荒谬的成分多，还不容易确定。

一个人在有能力对一些话题表达见解之前，先去对其了解一下是有必要的。否则就这样让他去谈论，就像是让一个盲人去谈色彩或是让一个失聪的人去谈音乐一样，是愚蠢的。如果有一个人想要让另一个完全不懂得我们法律的人在未决的问题上进行辩论，你不会觉得他有点奇怪吗？为了刺激和锻炼他们的想象力，就让他们去做作文，对话题进行讨论，我想请问，学生对于涉及那些事的东西，又知道些什么？

172.其次，请想想他们作文时所用的语言，是拉丁语，是一种曾在外国流行，后来在每个地方都很久不再通用的语言，你的孩子在成人后的生活中，这种语言在千分的机会当中，几乎不会有一分去用来演说，而且用这种语言表述观点的方式和我们的语言又大不相同，即便是精通了，对于他英语文风的纯正和熟练也没有什么改善。此外，在我们英国的事务当中，无论哪个部分现在都很少有机会用事先写好的讲稿，所以我看不出在我们学校里的这种练习有什么理由，除非是认为，学习写拉丁语讲稿是教人们能很好地用英语即席演讲的办法。而我认为，要给年轻的绅士提出适合他们年龄和能力的合理又有用的问题，对一些他们完全不知道的又不相干的话题，当他们已经成熟，能进行这类性质的练习时，不要让他们动笔，而让他们在合适的场所即席或是略微沉思一下就能谈论某一话题。我且问你，对这种学习把话说得好的办法，如果我们要去检查它的效果，那么当有机会让学生参加辩论时，谁能在任何情况下都说得最好呢？是那些习惯于让自己事先在开口讲话时有写好的讲稿的人，还是那些只考虑当时的情境，尽自己所能去了解，只依靠自身就去即席讲话的人呢？一个人要是能从这点进行判断，就不会那么容易地认为，习惯于用费尽心思写成和安排好的讲稿去发言的方式，是适合一个年轻绅士去做的事了。

173.但也许会有人告诉我们，说作文的目的是为了提高和完善他们的拉丁语。确实，这是他们在学校里本来的任务，但写作文不是达到这个目的的办法。关于他们要虚构的东西，作文会让他们的头脑感到混乱。他们要学习的，不是关于词语的含义。当他们做作文的时候，所寻找的以及辛苦追求的不是语言，而是思想。但是学习和精通一门语言，本身就是一件十分不舒服、不愉快的事。不应该像这种行动方式那样，又用一些别的困难去拖累它。总而言之，如果我们想用这种训练去促进孩子的创造力，那就让他们用英语作文吧，因为在这种环境中他们能熟练地运用单词，当他们用自己的语言去写作时，也能更好地看出他们的想法。而且，如果拉丁语非学不可的话，就用最简单的办法学，不要使用那些令人不舒服的诸如加入演讲词之类的辛苦办法，让他从内心感到厌恶。

不妨让孩子阅读优秀作品

174. 如果上面这些理由可以用来反对孩子在学校里用拉丁语做作文，那么，我还有更多更有分量的话要说，来反对他们作诗，任何种类的诗。因为，如果他没有作诗的天才，那么，这个世上最不合理的事就是让孩子饱受折磨，把他的时间浪费在根本不可能成功的事情上。如果他本来具有诗人的气质，而做父亲的却还希望或允许这种气质得到维护和改进，对我来说，那就是世上最奇怪的事情。在我看来，做父母的人应该尽可能地遏制或阻止。我不明白一个不希望孩子对抗其他一切职业和工作的父亲，有什么理由希望他的孩子成为一个诗人。然而这还不是最坏的情形，因为如果他一旦被证实为是一个成功的诗人，得到了一个才子的名声，我希望人们考虑一下，看他喜欢把时间花在与什么样的伙伴交往以及花在什么地方。

不仅如此，还有他的财产也是一样，因为一个人能在诗坛里发现金矿或银矿山是非常少见的。诗坛给人的总体印象是愉快的，但却是一块贫瘠的土地，很少有人从那里获得任何收成，来增加他们的遗产。

诗和赌博通常是连在一起的，它们在这种地方的情形是相似的，除了那些没有什么东西能拿来过活的人，人们很难从那里获得好处。有财产的人总是会受损失，他们只要没把财产的全部或是大部以低廉的价格损失掉就很好了。所以，如果不想让你的孩子和那些好交际的伙伴胡混，使他们离了他就觉得喝酒也没有滋味，不知道怎么度过一个无所事事的下午；如果你不愿意让他浪费自己的时间和财物去为他人消遣，同时把祖上留下的被污染了的田地不当回事，那么，他要成为一个诗人，或是他学校的教师要让他开始作诗，我觉得你不用太过关心。可是如果有人觉得作诗是他的孩子值得拥有的素养，觉得学习作诗能提高他的想象力和才能，他就一定要承认，要达到这个目的，与其让孩子用不是他本国的语言写一些糟糕的诗，不如让他阅读优秀的希腊与罗马诗人的作品来得有用。至于那些想在英语诗上有突出表现的人，我猜想，他不会以为应当先尝试从拉丁诗开始，才能达到目的。

175. 在一般文法学校里还有另一个非常普通的办法，在我看来也是毫无用处的。这种办法如果不是为了阻碍年轻人学习语言，那么在我看来，它就应该尽力变得容易、有趣，其中让人感到费力痛苦的成分应该尽可能地去除。

我在这里所抗议的，是他们要熟记很多作家的作品，我发觉其中根本就没什么益处。尤其是对于他们所从事的工作，更无益处可言。要学习语言，只能通过阅读和说话，而不是靠零星地熟记一些作家的作品。当一个人的头脑里塞满了这些东西的时候，他就只是得到了一个书呆子的附属品，并且已经准备踏上这条路了。再没有什么比这更不适合一个绅士的了。因为一个人自己胸无点墨，却要混合进从他人那里得到的丰富的思想和动听的言论，再没有比这更可笑的事了。由此只能更加暴露自己的不足，而且其中也没什么优雅可言，说话者也不会显得有吸引力，就像是在一件陈旧的黄褐色外套上，缝上一大块鲜红的光彩夺目的锦缎补丁一样。

的确，当人们看到一段值得记忆的文章，表达十分紧凑、优美（在古代作家中这样的作品是很多的），他们让年轻的学子用心记住，有时用这些大师的绝妙作品来训练学生的记忆，这没什么不对的。但是在他们需要熟记的功课的学习中，若要对书籍不加挑选或鉴别，碰见就看，我却看不出有什么用，这只能浪费他们的时间和精力，让他们对书本感到厌恶和反感。除了没什么用的烦恼，他们从中什么也得不到。

如何锻炼孩子的记忆力

176. 我听人说过，孩子们应该用熟记的办法去学得一些东西，以锻炼和增强他们的记忆力。我希望这种说法中理智的根据和信心的增进一样多，还希望这种实践能建立在充分的观察，而不是古老的习俗之上。因为很明显，记忆的强度要归功于快乐的心理素质，而不是训练引起的任何习惯性的改善。

确实，如果精神能专注于某事，害怕它溜走，通过经常回忆，重新把那件事牢记心中，这样就容易把事情保存在记忆当中了，但仍然要依靠自身记忆力本来的强度。

一个印在蜂蜡或铅质载体上的印象不会比印在黄铜或钢质上的持久。如果印象能经常重现，那么它可能会持续得更久，但是每一次新的回想就是一个新的印象，所以，如果一个人要知道内心能记住多久，就应该从新的印象开始算。不过，熟记一页页的拉丁文却并不更适合让人的记忆力保持住任何其他事物，就好像在铅质载体上刻上一句话，不见得就更能牢固地保持字句一样。假如这种记忆的训练真的能给记忆提供力量，改善我们的能力，那么，所有其他民众的参与者们就一定需要最好的记忆，并成为最好的伙伴。然而，以这种方式进入他们头脑的零星的东西是不是能让他们更好地记住其他事物，他们把别人的话熟记于心，但他们的能力是否能与他们所付出的辛劳成比例地提高，这些都是经验可以证明的。

记忆在人生的各个阶段和各种情况下都是如此必需的，没有了它就

没什么能做成，如果训练能让记忆力变得更强，我们就不用担心它会因缺少训练而变得迟钝和没用。不过我担心这种心理上的能力不是用任何训练或我们的能力就能在很大程度上有所改善的，至少在文法学校中，这个借口是没什么用的。据说薛西斯[1]能叫出他的军队里十来万士兵的名字，我猜想他之所以具有这种令人惊奇的能力，并不是通过孩提时熟记所学的功课得来的。这种抛开书本，辛苦地背诵所读的东西，以训练和提高记忆力的方法，我认为，在君王的教育中很少使用，如果这种方法真有人们所说的那种长处，那么君王也会像那些地位最低微的学生一样，对此不会忽略。

虽然从来没对这个办法留意过，但君王也和任何人一样，需要良好的记忆力，他们的这种能力通常也和别人差不多。凡是内心所专注和注意的事情，就记得最好，理由就是我们上面所提到的。如果方法能和规则相结合，就是做得比较全面了，我认为那对不中用的记忆也算是有所帮助。如果有人要采用任何其他方法，尤其是用别人成串的言语来充实自己，而学习的人其实并不专心，那么我认为，和付出的时间与辛劳相比，得到的收益连一半都勉强。

我在这里所说的意思并不是说不要对孩子的记忆进行训练。我认为他们的记忆应该加以运用，但是不能用于书本中整页地死记硬背，因为功课一旦背诵过了，学习结束之后，他们又会把它忘掉，以后也不再理会。这种办法既不能改善他们的记忆，也不能纠正他们的心理。他们对于作家应该熟记的事项，我在上面已经提过，这种包含智慧和有用的句子一旦被他们的记忆所掌控，就一定不要再忘记，而应经常被叫去解释其意义。这样，这些谚语不仅是一些良好的规则和言论，对他们将来的生活很有用处，他们还可以学会经常深思熟虑，想想自己应该记些什

---

① 薛西斯：是波斯帝国的国王，是一位率领波斯军队抵抗希腊侵略的民族英雄。

么，这是让记忆变得灵活、有用的唯一办法。

经常反思的习惯可以让他们的内心不会随波逐流，可以把他们的思想从无用的、懈怠的漂泊中召唤回来。所以，我觉得最好每天给他们安排一些事情去记忆，不过所记的事情本身应是值得记忆的，是当你召唤或是他们自己寻找时，绝不会在你的内心当中找不到的东西。这样就能迫使他们经常把思想集中起来，你不能指望他们会有比这更好的理智上的习惯了。

对孩子教育的一点小总结

177. 但是，当孩子处于生命中脆弱的容易变通的年岁时，无论由谁照顾和教导，有一件事都是确定的，那就是这个人应该认为拉丁语是教育上最不重要的一部分，他应该懂得德行和良好的性情要比任何学问或语言都更重要，应该把主要工作放在塑造学生的心灵上，使之具有一种正确的倾向。如果这一点一旦做到了，即使是对所有其他的事物不去注意，到了适当的时候，所有其他这些也会自然产生出来；如果没有做到这一点，没有把恶意的和邪恶的习惯拒之门外，那么语言、科学以及教育上的所有其他成就除了能使一个人变得更坏更危险，就不会再有别的作用了。

诚然，大家打起精神学习拉丁文，以为这是一件重要的困难的工作，而他的母亲只要每天在他身上花两三个小时，让他给自己朗读用拉丁语写的“福音书”，她就可以自己教他了。她只需要买一本拉丁语的《圣经》，找人帮她把多音节的最末第二个是长音的音节进行标记（这样做足以能调节她的发音，让她能读出重音），每天阅读“福音书”，如果她能做到的话，最好避免让她用拉丁语去理解。当她能理解了拉丁语的“福音书”时，还可以用同样的办法去读“伊索寓言”、“尤特罗庇乌斯”、“查士丁”以及其他类似的书籍。

我提到这个办法，并不是空想怪想的结果，而是我知道有人这样做过，并用这种办法轻松地学会了拉丁语。

不过，还是回到我所说的主题吧。承担教养年轻人责任的人，尤其是负责教养年轻绅士的人，所懂的不仅是拉丁语，甚至也不仅是人文科学的知识，他应该是一个有着突出的德行的、谨慎的、有着良好的资质和性情温和，并具有技巧的人。在和学生不断的交谈中，总是显得庄重自如、温和友善。不过关于这一点，我在其他地方已经说得够多了。

教孩子学习点地理常识

178. 正如我们之前所说，一个孩子在学习法语和拉丁语的时候，同时也可以学习算术、地理、年代学、历史和几何。因为，如果用法语或拉丁语教他这些知识，当他一旦开始懂得这两种语言中的任何一种之后，他就可以除了从语言学习当中获得益处之外，还能学到这些学科的知识。

对此，我觉得应该从地理的学习开始，可以学习地球的轮廓、世界四大组成部分以及某些特定王国和国家的位置和疆界。不过，这仅仅是一种眼力与记忆力的训练，一个孩子会带着愉快去学习，并将学到的东西记住，这一点是确定无疑的。现在，我住的房里就有一个孩子，他的母亲就是用这种方法把地理教得很好。他在6岁以前，就已经知道了世界四大部分的界限，如果提问的话，他能迅速在地球仪上指出任何国家，或是在英格兰的地图上指出任何郡县，还知道世界上所有的大河、海角、海峡和海湾，能找出任何地点的经纬度。我承认，他是从地球仪上学到这些的，但掌握的当然不止这些。然而这却是有效的步骤和准备，当他的判断力成熟到足够学习这些东西的时候，余下的一切就会容易得多。现在他的时间够多，并且通过学习东西时的愉快，他在不知不觉中就能把语言学会。

179. 当他记住了地球仪上的各个自然部分之后，就到了开始学习算术的时间。我所说的地球仪上的各个自然部分，是指在不同的名称和国别之下的陆地与海洋的各个位置，那些人为的和想象的界线还没有出现，它们都是虚构出来的专为更好地增进科学知识之用的。

锻炼孩子的文史及算术能力

180. 算术是最简单的，所以也是抽象推理的第一类，通常是内心自身所具有的或习惯的，它在生活和事务的各个部分用处都很普遍，没有了它，几乎任何事都很难办成。当然，一个人在算术方面不能懂得太多，也不能太完全，所以当他有能力去计算的时候，就要很快开始着手练习，每天都要进行一些练习，直到精通了计算的技巧。当他懂得了加法和减法时，就可以前进一步，去学习地理，等到他把地极、带、平行圈和子午线都熟悉了以后，就可以教他经纬度，并通过这些去了解地图的使用，从地图两侧的数字去了解各个国家的位置以及怎样在地球仪上找到它们。当这些事情他都可以轻而易举地做到后，他就可以进入到天体的研究，要把那些圆圈再重温一遍，尤其是要观察黄道或黄道带，要把所有的一切都非常清晰无误地牢固地记在心里，还要教他各个星座的轮廓和位置，可以首先在地球仪上进行说明，然后再通过观察天空进行说明。

当这些事情都完成，他对我们所在半球的星座能相当精通时，就是时候向他传授一些我们这个行星世界的观念了。为了这个目的，不妨让他知道一些哥白尼体系的学说，向他讲解行星的位置以及它们各自与其旋转的中心——太阳的距离。这样就可以通过最简单、最自然的方式，为他了解行星的运动和理论做好准备。因为既然天文学家不再怀疑行星是围绕太阳运行的，那么他从这种假设出发就是恰当的。这种假设对学习者来说不但是最简单的、困惑最少的，同时其自身也是最符合真理的。不过在这方面也和其他一切事物的教导一样，对孩子要给以极大的注意，要从简单的容易理解的地方开始，一次教给他们的东西要尽可能地少，要等相关的知识在他们头脑里扎下根，才可以进行下一步或是再教那门科学里的新知识。在一开始时，可以给他们提供一个简单的观念，当看到他们能正确掌握，充分理解之后，才能再进一步。然后，在你向目标进发的路上，增加一些其他简单的观念到前一个上面，通过这样温和地、不知不觉地逐步前进，不会混乱，也不会困惑，孩子们的悟性就能开启，思想就会拓展，并远远地超过人们的预期。并且，当一个人自己学会了某种知识，要想让知识牢固地存在于他的记忆当中，鼓励他继续前进，最好的方法莫过于让他把这种知识再教给别人。

181. 当他通过地球仪和前面提到的办法，熟悉了那些知识以后，试着学一点几何就比较合适了。我觉得，有了欧几里得的前六本书①，就足够教他了。因为对于一个事业家来说，再多学一些是不是有必要或是有用处，我有些怀疑。至少，如果他有这方面的天赋和爱好，那么在从老师那里学到这么多东西之后，就算离开老师，自己也能前进了。

所以，必须要对地球仪进行研究，还要细致彻底地研究。我认为，如果教师能够仔细地分辨什么是孩子能够知道的，什么是不能知道的，学习还可以尽早开始。这里有一条规则，或许会成为一个好的办法，那就是只要在孩子的感觉范围、特别是视觉范围以内，只要他们的记忆能够真正受到训练，任何事情都可以教给孩子：例如一个很小的孩子，差不多在他刚知道自己所住的房子房间后，就可以通过地球仪进行学习，了解哪个是赤道，哪个是子午线，哪个是欧洲，以及哪个是英格兰。如果有什么要注意的，那就是一次不要给他教得太多，在他没有完全领会

① 指《几何原本》、《已知数》、《圆形的分割》、《反射光学》、《现象》、《光学》六本书，内容包含定义以及证明。

所教的东西并牢固地存在于记忆中之前，切不要再教给他新的内容。

182.年代学应该和地理同时学习。我的意思是指年代学的总体轮廓，以便让他在内心当中对整个时间的进程以及历史上几个大的时代有所认识。没有了这两门学科，那么持重的以及作为公民知识杰出霸主的历史，应是世上的绅士或事业家进行适当研究的。

如果没有地理和年代学的知识，我要说，历史就很不容易被记住，也就几乎没什么用处了。只能是一种杂乱的事实，胡乱地堆在一起，既没有秩序，也缺乏教诲。而有了年代学和地理，就可以把人类的活动按照时间与国别归入它们合适的位置，在这种情况下，那些活动不仅能非常容易地留在记忆里，而且只有在这种自然的秩序下，它们才能承担那些观察，让人在阅读时成为更好、更有本事的读者。

183.当我说年代学应当成为他精通的一门科学时，我的意思并不是指其中的一些琐碎的争议。这种争议是没完没了的，其中大部分对一个绅士来说都不重要，即使能得到一个容易的结果，也不值得去刨根问底。所以，所有关于年代学家的学术方面的嘈杂和喧嚣都应该完全避免。

在那部分学问当中，我看见的一本最有用的书是斯特劳赫乌斯[1]的一篇小论文，印刷了12次，书名是《年代摘要》。一个年轻绅士关于年代学所必需的知识都能从中看到。这是因为论述当中的所有内容，学习者不必为此所拖累。他把最显著或最有用的时期都换算成了儒略周期[2]，这是能被年代学所利用的最简单、最明白、最可靠的方法。

除了斯特劳赫乌斯的这个专著，还可以加上爱尔法克斯[3]的《年代表》，这是一本在所有场合都能应用的书。

---

① 斯特劳赫乌斯：杰出的法学家，曾任莱比锡、那拿等大学的教授。

② 儒略周期：天文学专有名词，以7980年为一儒略周期。

③ 爱尔法克斯：德国年代学者，神学家、语言学家。是吉森大学希腊语和东方语言以及神学教授。

184. 没有什么比历史更能给人以教导，更能让人得到愉快。因为它能给人教导，所以应由成人去研究；因为它能让人得到愉快，所以我觉得它最适合一个年轻人去学习。他学习了年代学，熟悉了我们这个地方所历经的几个时代，又能把它们换算成儒略时期后，就应该去学一点拉丁语的历史了。在选择时，要以文体的平易为准，无论从什么地方开始，有了年代学，就可以免受困惑了。而且，主题让人愉快，就会吸引他去读，在不知不觉中就能掌握语言，不像有的孩子那样，遭受严重的忧虑和不安，去阅读超出他们能力范围的书籍，例如阅读古罗马演说家和诗人的作品，却只是为了学习罗马语言。

当他通过阅读，精通了容易理解的作家的作品时，这类作家可能包括查士丁、尤特罗庇乌斯和库尔提乌斯①等等，接下来再去慢慢阅读稍难理解的作家作品时就没有大的困难了。这样逐步从最平易、最容易理解的历史学家读起，最后就能读懂最难理解、最高端的拉丁语作家的作品，例如图利②、维吉尔③和贺拉斯等人的作品。

---

① 库尔提乌斯：古罗马历史学家，著有《亚历山大史略》。

② 图利：西塞罗，全名是Marcus Tullius Cicero（马库斯·图留斯·西塞罗），有时就用Tully（图利）来称呼他。罗马共和国晚期的哲学家、政治家、律师、作家、雄辩家。因为其演说和文学作品，被广泛地认为是古罗马最好的演说家和最好的散文作家之一。

③ 维吉尔：罗马诗人。著有长诗《牧歌》、《爱奈特》，史诗《埃涅阿斯纪》。在古代希腊罗马文学作家中，一般公认维吉尔是荷马以后最重要的史诗诗人。

从作品中让孩子获得知识

185. 如果在一开始就教孩子在他力所能及的所有事情上，更多地通过实践，而不是靠规则，去学习关于德行的知识；如果能让他养成以热爱名誉去代替满足私欲的习惯，我不知道除了在《圣经》中所发现的道理以外，他是不是还要再去读任何其他关于道德的论述。此外，我也不知道，他是不是应该掌握一些伦理学的体系，直到他能去阅读西塞罗的《论责任》来掌握德行的原则和规范，作为对他生活的引导，而不是像学生学习拉丁语那样去阅读。

186. 当他充分消化了西塞罗的《论责任》，同时又学过了普芬道夫①的《论人类和公民的义务》之后，就该适时地让他去读格老秀斯②的《战争与和平的权利》，或者也许是普芬道夫的一本更好的书，叫作《论自然法和万民法》，他从中可以获得关于人类的自然权利和社会的起源与基础，以及由此产生的各种责任。这种关于民法和历史的总体部分的研究，一个绅士不仅应该接触，还要不断思考，绝对不要停下。一个道德高尚和举止良好的年轻人，能够熟知民法的总体部分（它所涉及的不是私人案件中的诈骗，而是基于理性原则，讨论文明国家的一般事务和交往），能很好地领会拉丁文，能写一手好字，这样他就可以有机

① 普芬道夫：德国法学家和史学家，以对自然法的辩护而闻名。是17世纪德国法哲学的开创者，近代世界范围内最杰出的自然法学思想家。

② 格老秀斯：近代西方资产阶级思想先驱，国际法学创始人，被人们同时尊称为“国际法之父”与“自然法之父”。

会放眼世界，完全确信能够谋得职业，并到处受到尊重了。

187. 认为一个英国绅士可以对他本国的法律一无所知，这可真奇怪。一个绅士无论身处什么地位，法律都是同样必不可少的，从一个治安官员到一个国务大臣，我知道没有一个地方的人没有了它，还会很高兴很满足。我的意思并不是指法律里面的奸诈或争论以及强词夺理的部分，一个绅士的职责是寻求是非的真实程度，而不在于得到一种如何避免做某事，而让自己在做别的事上有所安心的技巧。他远不应该这样研究法律，他所参与的应是孜孜不倦地让自己专注于可以对本国有用的事情上。为了这个目的，我觉得一个不打算以法律作为职业的绅士研究我们法律的正确方式是：去看看我们的英国宪法以及在有关习惯法的古代书籍上关于政府的论述，还有一些更接近现代的作家的作品，从中去了解这个政府。当他对此获得了一个正确的看法后，就可以去阅读我们国家的历史，并在其中每个君王的统治时期都要加上当时制定的法律。这样做可以让我们领悟我们国家各种法令的理由、揭示法令被制定的真实基础以及它们应有的分量。

188. 修辞学与逻辑作为艺术，按照一般方法来看，通常是紧跟在文法之后学习的，我以前很少说到它们，或许会让人觉得奇怪。原因在于，因为年轻人几乎不能从它们当中得到什么益处。我很少或者说从来没有注意到有人通过学习这些自以为可以教人推理恰当、谈吐大方的规则而得到了推理和说话的技巧，所以，我建议一个年轻绅士只要了解它们那最简短的体系就可以了，不需要长期停留在那些形式上的思考和研究上面。

正确的推论不是建立在范畴和宾位语上，也不是在说话的方式和标志上。不过，对于这个推断的详述，不在我目前要说的范围内，所以还是回到我们现在所说的话题吧。

如果你想让你的孩子擅长推理，可以让他读齐林沃思[①]的作品；如果你想让他演说出色，可以让他精通西塞罗的作品，得到关于口才的真实理念。你还可以让他阅读那些用英语写作的很好的作品，以使他的英语文体风格达到绝对纯正的程度。

① 齐林沃思：英国自然神论者。

孩子要学会恰如其分地表达思想

189. 如果说正确推理的用途和目的是为了获得对事物的正确观念和判断，是为了分辨真理和谬误以及是与非，并按照这种辨别去行动，那么，就要确保不要让你的孩子在这种形式上的辩论技巧中被教育长大。他不能自己这样去实践，也不能羡慕别人这么做，除非你想让他成为一个微不足道的争执者，而不是一个能干的人，在交谈中固执己见，以和他人顶撞而自鸣得意。更糟糕的是，对一切事物都表示怀疑，以为在争辩中唯一能找到的就是胜利，而不是像真理这样的事物。

世上最不真诚、最不适宜于一个绅士或任何其他一个自认为是理性动物的事，莫过于不对清楚明白的理由让步，不为清晰的论据所说服。无论对方的答复多么圆满，多么让人满意，他还是要用模棱两可的声音（一种是非不辨的辩论方法），来和对方进行争论，或是显示自己与他人的不同，不管所说的话是不是与主题相关，有意义还是没意义，与自己以前说过的话相符还是相反，都不在意。

世上与文明的谈话以及与所有的辩论结果不一致的事，还有比这更过分的吗？关于这一问题，简而言之，逻辑辩论的方法和改善，就是正方绝不会认可反方的任何回答，而反方也不会对正方的任何论据做出让步。任何一方都一定不会按照真理和知识行事，否则他就会被看成是一个可怜的失败者，因为不能坚持自己曾经的信念而受到羞辱，这就是辩论的主要目的和荣誉。真理需要通过对事物自身进行成熟的和应有的考虑，才能够被发现并获得支持，而不是通过虚假的术语和辩论的方式得到，这些都不会让人发现真理。这种办法吹毛求疵地、不合理地运用拿不准的字词，是一种最没用、最令人不快的谈话方式，对于一个绅士或是热爱人世间一切事物真理的人来说，它是最不适合的。

一个绅士如果既不能通过写作，也不能通过谈话很好地表达自己的思想，那就几乎是他最大的缺点了。不过，我还是认为可以问问我的读者，看他是不是知道有很多财产丰厚的人，从名义上说应当是具有绅士品质的，可是他们连一个故事都讲不出来，更不用说将任何事情都讲得清楚明白，令人信服了。我认为这不是他们的过错，而是他们所受教育的失误，所以我一定要毫不偏袒地为我的同胞们说句公道话。我觉得只要他们专心致志，就不会被邻居们赶上。他们已经学过修辞学，可是从来没学过怎样使用他们常用的语言，包括用唇舌或笔来流畅大方地表述他们的思想。就好像那些通晓说话技巧的人的话语，经过了各种名目的辞藻的润色，就成为言语流畅特有的艺术和技巧了。这件事和所有其他需要实践的事情一样，不是通过少许或是大量的规则就能学会的，而是要根据良好的准则，或者说是典范，去进行训练和运用，直到习惯养成，做起来能够十分容易。

迄今为止人们能达成一致的是，当孩子到了能讲故事的时候，或许就要合时宜地让他们讲述他们所知道的任何故事。开始时，在故事的结合方式上，要纠正他们所犯的最明显的错误。当错误被纠正后，再把下一个错误告诉他们，这样一个个地更正，争取让所有的错误，至少是重大的错误，全都改正为止。当他们能够自如地讲故事时，就是时候让他们把故事写出来了。

《伊索寓言》差不多是我所知道的唯一适合孩子的书，这本书可以提供材料，供他们去进行这种英语写作的练习，正如它在让孩子学习拉丁语时，可供他们阅读和翻译一样。当他们已经去除了文法上的错误，能够把一个故事的几个部分组合成条理分明的叙述，而不在过渡的地方经常重复以显得单调、难看（像通常的情形那样），如果有人想要让他们在这种不需捏造虚构就能说得很好的第一步上更进一步，他可以向西塞罗求助，通过将西塞罗的第一本书《论演说家》的第20节上那些关于能言善辩的规则付诸实践，就能让他们懂得，按照其中的几个主题和编排设计，一个动听故事的技巧和优雅究竟在哪里。从这些规则当中的每一条里都能找出恰当的例子，其中就可以显示其他人是怎样实践的。古代的著名作家提供了很多这样的例子，不仅能用于翻译，还应该放在他们面前，作为日常效仿的榜样。

当他们懂得了怎样把英语写得连贯、恰当和有序，熟练地掌握了一种还算过得去的叙事风格后，他们就可以再进一步，去写书信了。在书信的写作中，他们不必拘泥于任何风趣或是恭维，只要学着表述自己朴实无华、悠闲从容的感觉，不要有任何不连贯或混乱以及粗略就可以了。

当他们在这方面做得比较完善的时候，就可以在他们面前把瓦图贺①作为榜样，以提高他们的思想，用致意的、欢快的、逗弄的或是消遣的信，去抚慰远方的朋友。同时还可以拿西塞罗的书信，作为商务或交往信件的最佳典范。

在人类生活的一切场合中，需要写信的时候是如此之多，没有绅士能够避免在这种写作当中表现自己。每天他都会遇到一些机会，迫使他动笔，这样做的结果就是除了会因书信写得好坏而给他的个人事务带来影响外，还总会让他的教养、意识和能力得以显现，比口语叙述受到更为严格的检验。他说话时那一时的失误，大多数等到说完后就可以烟消云散，所以不用受到严格的审查，比较容易逃脱人们的注意和批评。

如果教育方法是指向正确目标的，那么，人们会想到，写信是个很

---

① 瓦图贺：法国作家。

有必要的事，不应被忽视，同时，用拉丁文写文章和作诗，这种毫无用处的事就时常地到处强加给孩子，让他们在超出自己能力的事情上绞尽脑汁，由于这种不近人情的困难影响，而不能愉快地在语言学习方面有所进步。但是，习惯了这样规定的做法，又有谁敢违抗呢？要求一个博学的乡村学校教师（他精通法纳比的《修辞学》上的一切比喻和修辞）去教学生用英语流畅地表达自己的思想，而这根本就不是他的职业或打算，哪怕学生的母亲（即便她是一个对逻辑和修辞学体系知之甚少的人）都能胜过他，这难道不是很不合理吗？

正确地写作与得体地讲话，可以给人带来优雅，给人留下好的印象，让人去留心倾听他所说的话。既然一个英国绅士常用的是英语，所以他应主要去培养、最应该注意改进和完善的文体也应是英语。一个人的拉丁语比英语说得好或写得好，或许能够成为大家谈论的话题，但对他自己来说，与其因一种微不足道的才能而获得徒劳的表扬，倒不如能用随时要用的本国语言，很好地表达自己的想法来得有用。

关于这一点，我发现普遍都遭到了忽视，在任何地方，人们都不注意让年轻人提高他们的国语能力，让他们能对国语充分地理解并掌握。在我们中间，如果有谁的国语比一般人熟练、纯正，那是由于运气或他的天赋以及别的事情，而不是他的教育或任何来自教师的照顾。

对于一个自己是在希腊语和拉丁语的教养中长大的人来说，尽管他自身这两种语言的水平并不高，但要他注意学生所说或所写的是什么英语，是会让他的尊严低头的。拉丁语和希腊语是学者所学的语言，只适合有学问的人去参与、去教，而英语则是目不识丁的一般大众的语言。尽管我们知道，我们的一些邻国政体并不认为促进和奖励本国语言的改进应该放在公众的关注之下。在他们看来，觉得润色和充实本国的语言并不是一件小事，所以为此开设了学院，安排了薪俸，在正确得体地书写这方面，在国人中激起了一种极大的追求和竞争。如果我们回头看看前几个时代的情形，就可以知道他们是怎样把或许是这个世界上最坏的一种语言传播到我们这儿来的，以及现在的情形如何。罗马的伟人们每天让自己练习本国的语言，我们从记载中也能发现一些曾用拉丁语教皇帝的演说家的名字，尽管拉丁语是他们的母语。

第二部分

很明显的是，希腊人对国语的掌握更好一些。对他们来说，除了他们自己的语言，所有其他的民族语言都是野蛮的，这个博学而又有洞察力的民族似乎从来没研究过或看重过外国语言，尽管他们的学问和生活信条毫无疑问是从外国学来的。

我在这里并不是说要反对希腊语和拉丁语，我觉得应该对它们进行研究，至少拉丁语应该被每位绅士很好地理解。但是一个年轻人无论要参与哪种外语的学习（他懂得的越多越好），他所要批判地进行研究，应当努力达到熟练的程度，让自己的表述能够清晰和优雅的，还是他的国语。为了实现这个目的，他应该每天都进行练习。

自然哲学对孩子的意义

190. 自然哲学作为一门思辨科学，我想我们是一点也没有的，也许我觉得自己有理由说，我们从来都不能把它变成一门科学。自然的工作是由一种智慧来创造设计的，对我们来说，它的运作方式远不是我们的能力所能发现或想象，从而把它变成一门科学的。

自然哲学是一种关于事物的自身原理、性能及操作的知识，我认为它有两个部分：一部分包括精神及其本质和特点，另一部分包括形体。第一部分通常是指形而上学，但是在对精神领域的问题进行考虑时，无论在什么名称下进行，我认为都应该放在对物质和形体的研究之前，不要把它视为一种可以有条理地成为系统、根据知识的原理去对待的科学，而要把它当成我们心灵的扩充，让我们对理智和启示引领我们前去的智力世界有更真实、更全面的理解。既然除了上帝和我们自己的灵魂，我们对于其他精神的最清晰、最重大的发现都是上天以启示的方法给予我们的，那么我认为，年轻人应当具有的关于它们的信息，至少也应从那种启示得来。

为了实现这个目的，我的结论是，如果有人写出一部优秀的《圣经史》，供年轻人阅读，那将是一件好事。在书里，适合采用的每一样东西，都要按照时间的先后顺序放进去，而只适合成熟年纪的一些东西则要删掉。这样一来，通常由于随便阅读《圣经》，正如现在在我们的

《圣经》里所引起的困惑，就可以避免。而且这样做还有一种好处，就是通过持续不断的阅读，可以给孩子的心灵注入关于精神的观念与信仰，使他们在阅读关于历史的所有事物当中都要牵涉到精神方面，这将是对研究形体的一种良好的准备。因为没有了精神的观念或不承认精神的存在，我们哲学的一个主要部分就是残缺不全有缺陷的，因为它将创造的最优秀和最有力量的部分，遗漏在了沉思以外。

孩子的心理教育问题

191. 关于这本《圣经史》，我觉得做成一个简短清晰的摘要就很好，包括孩子们只要一能阅读就可以了解的主要的和最本质的类目。这样做，虽然能早点让孩子具有一些关于精神的观念，不过跟我以前所说的，我不想让孩子在年幼的时候因灵魂鬼怪观念所烦恼的说法并不矛盾。我原来那些话的意思是说，孩子们的女仆以及周围的人，为了让孩子服从他们的命令，往往就会去吓唬他们，使孩子稚嫩的心灵很早就具有各种关于妖精、幽灵和鬼魂的印象，我觉得这种做法是不合适的。孩子的心理总是经受着恐惧、害怕、忧虑、软弱和迷信，这对他们以后的整个一生都是极为不利的。当他们长大步入社会，与人交往的时候，这种心理会让他们觉得厌烦和羞愧。这种情况经常发生，正如他们所想的，要想完全治好这种毛病，让自己从压在身上的负担下解除痛苦，他们同时抛弃了所有关于精神的思想，陷入了另外一个极端，但却是一个更坏的极端。

192. 我之所以主张有关精神的研究要以形体的研究为前提，主张年轻人在进行自然哲学的研究之前，先要很好地接受《圣经》的教义，其原因在于，物质是我们的一切感觉所时常熟悉的，很容易控制心灵，而把除物质以外的所有其他东西排除在外，基于这个原则之上的偏见就经常不为精神的加入留下空间了，或是不承认还有任何这类非物质的东西存在于大自然里面。

但很明显的是，仅仅用物质和运动并不能够解析自然界中的任何重大现象，例如普通的万有引力问题，我认为就不能用任何物质的自然作用，或者任何其他的运动规律去解释，只能说是由于一个更高存在的绝对意志在命令它这样做。因此，如果不承认一些事情是超越自然的正常秩序之外的，也就不能对诺亚时代的洪水进行很好的解释。所以我建议可以仔细想想，看上帝是不是暂时将地心引力的中心改变了（这和地心引力本身一样是明白易懂的，或许是我们不知道的一些原因的变动就可以使其发生），这样来解释诺亚时期的洪水要比任何假设都更容易分析说明。

关于这种看法，我曾听到过很大的反对意见，说这种原因只能引起一种局部的洪水。不过一旦承认了地心引力中心的改变，就不难想象神圣的力量可能会把地心引力的中心放在离地心有适当距离的位置，使它在适当的时间间隔内绕着地球旋转，借此，洪水就会普遍存在了。

我认为，这样去回答摩西所陈述的洪水中的一切现象，要比那些曾用来解释很多难懂问题的假设容易理解。不过这里不是辩论这个问题的地方，我在这里不过是顺便提起，以表示我们在解释自然现象时，除了最基本的物质及其运动以外，还要依靠其他事物的必要性。在这里，《圣经》上所提出的有关精神及其力量的观念，对于揭示其运转方式有着很大的作用，这或许是一种合适的准备，等到了更合适的时机，就可以对这种假设进行更充分的说明，用来解释《圣经》上所记载的大洪水的所有片段，以及洪水史中所设想的任何困难了。

关于自然哲学的重要作用

193. 不过，还是回到自然哲学的研究吧。虽然世上充满了关于自然哲学的体系，但我却不能说，我知道其中哪一种能够作为一门科学去教给年轻人，像所有科学都能给予的一种期望那样，使他有把握能从中发现真理以及获得确切的知识。我并不是要因此得出结论说，哪种自然哲学体系都不需要去理解。在这个博学的时代，对一个绅士来说，懂得一些相关的知识使自己适于交际是必要的，不过要让他掌握的，到底应该是最流行的笛卡尔学派，还是在简短地了解笛卡尔学派的梗概以外，也思考其他的几种学派，需要有所考虑。我觉得阅读我们这里的自然哲学体系是为了了解各种假设，明白各派所用的术语以及讲话方式，而不是希望从此获得对自然成果的全面的、科学的和令人满意的知识。只有一点可以说，就是在大多数事情上，现代微粒学说[①]的说法要比逍遥学派（见前文94. 注解）更清晰明了，在微粒学说出现之前，逍遥学派一直控制着学校。

如果有人想要进一步回顾，让自己了解一些古人的观点，他可以参看卡德沃思博士[②]的《理智体系》，这位十分博学的作者通过收集并解释希腊哲学家的观点所表现出来的这种准确和判断，可以让你对他们所根据的原则以及每家各自主要的假说，要比我所知道的任何其他地方看

① 微粒学说：认为外界事物的性质是由构成他们的物质微粒的机械属性所决定的一种学说。

② 卡德沃思：剑桥柏拉图派的代表人物。英国的新柏拉图主义者。

得更明白。不过，我不会因为我们所具有的或可能具有的关于自然的知识不能成为一门科学，就阻止其他人去研究自然。对一个绅士来说，自然界中有很多事物都是很方便知道的，也是有必要知道的，并且，还有很多其他事情以喜悦和有利条件，作为对好奇者辛劳的丰厚回报。不过我觉得，以上所说宁可从这些自己做过理性的实验以及观察的作者那里获得，而不是来自于专事思辨的体系。所以，当一位绅士对流行的自然哲学体系略微有所了解后，例如波义耳①先生的许多此类著作，以及其他关于农业、种植和园艺等类似的作品，就都是适合他阅读的了。

194.尽管我所接触的物理学派，很难鼓励我从那些自称能根据物体的基本原则从一般意义上给我们一种自然哲学群体的任何论文中，去寻找确定的知识或科学，然而，无与伦比的牛顿先生却指示给我们说，根据事实所证实的原则，将数学运用到自然界的某些领域，能使我们获得关于莫测高深的宇宙的特定领域的知识。在他那令人钦佩的著作《自然哲学的数学原理》一书中，对我们这个行星世界以及可观察到的最让人深思的现象作了良好清晰的说明。如果其他人对于自然界的其他部分也能给我们作出同样的说明，那么，对于这个巨大机器的一些部件，我们迟早会有希望得到迄今为止我们可以预期的更真实、更确切的知识了。

尽管只有很少的人能具备足够的数学知识，可以理解牛顿的论证，可既然最精确的数学家已经对这种论证进行过仔细研究并认可，那么他的书还是值得一读的。凡是想要了解我们所在太阳系中很大质量物体的运动、性质和运行的人，会从中得到不少的启示和满足。不过，要小心地注意他的结论，这些结论可认为是已被很好地证明了的命题而有所依赖。

---

① 波义耳：英国化学家。著作《怀疑派化学家》被认为是为近代化学的开始。

关于学业问题的结语

195. 以上所述，简而言之，就是我对于一个年轻绅士的学业所想到的，我在这里将希腊语省略了，或许会让人感到奇怪，因为我们这里的所有学问和基础都起源于希腊人。

我承认是这样的，并且还可以补充一句，那就是，一个对希腊语一无所知的人不能算是一个学者。不过我在这里所考虑的不是一个自称学者的教育，而是一种绅士的教育，对他而言，正如现在世上所流行的，拉丁语和法语是有必要被每个人认可的。当他长大成人时，如果内心还想进一步学习，深入研究希腊的学问，他会很容易自己掌握希腊语的。如果他没有那种爱好，那么就算是在一位教师的教导下去学习，也不过是浪费劳作。一旦他获得自由，那么他花费大量时间和辛劳学到的东西，就会被忽视，并被扔在一边。即使是学者自身，他们从学校里学到的希腊语，一百个人里面又有多少人能够记住，更有多少人能够提高到对希腊作家的作品可以熟读，充分理解的程度呢？

关于一个年轻绅士的学习问题，在这个部分可以结束了，他的教师应当记住，自己的工作不是要把所有可知的事物全都教给学生，而是要让学生热爱知识、尊重知识。当学生内心想要学习时，让学生用正确的方式去领会，并对自身加以改进。

在语言的话题上，我愿以尽量接近原意的方式将一位明智的作家的话告诉给读者。他说："孩子很少会因为语言知识过多而觉得不堪重负。这些知识对各种身份的人都是有用的，它们公正平等地为人们打开入口，使之到达学问最深厚的地方，或是领略学问中比较简单有趣的部分。如果这种令人烦恼的学习稍微推迟一点，那么，年轻人不是没有足够的决心专心致志地投入，就是没有坚定的意志学下去。如果有人能够坚持不懈，但把时间花在语言的学习上也是不方便的，他应该把时间花在别的用途上。那时他的年岁已大，不能再局限于单词的学习，如果他这样做了并要求掌握那些东西，那么，这至少也是浪费了一个人一生中最美最好的时光。当一切事物都能毫不费力地在内心留下深刻的印象时，这种语言上的重要基础才能被很好地奠定。当记忆力充沛、敏捷、持久时；当头脑和内心没有忧虑、没有激情、没有企图时，那些让孩子依靠他们的人就有足够的能力，让孩子能长时间地、持续地用功。我相信，真正博学的人数量稀少，一知半解的冒牌学者数量众多，都是由于忽视了这一做法的缘故。”

我觉得每个人都会同意这位观察细致的绅士所说的，语言适合在我们人生的最早时期去学习的观点。不过父母和做教师的人应当考虑，孩子应当适合学习什么语言。因为必须承认，如果学到的语言在他已被安排好的生活里根本就用不着，他就肯定不会愿意去加以利用。或者可以从他的性情来推断，知道当他一旦成年，摆脱了管教者的约束，可以凭自己的爱好随意行事时，他就会将其完全忽略并且忘掉，那么，还让他去学习那种语言就是徒劳无功，白费辛苦，浪费时间。因为当他到了可以完全凭自己的意志行事时，他是不会匀出任何属于自己的时间去用心学习那些学者所用的语言的，除了日常使用或是某些特别的需要迫使他去学习外，他是不会再愿意去理会任何其他语言的。

不过，为了那些想要成为学者的人考虑，我会将这位作家的能让他的上述评论更有用的增补内容添加进来。这些话值得所有想要求得真学问的人考虑，所以，做教师的人可以把这些话形成规则，反复灌输给学生，以指导他将来的学习。

他说，对原文的研究从不会成为一个充分的建议。这是研究各种学问的一条最简短、最可靠、最适合的方式。对知识的汲取应当从源头上开始，而不是间接地获取。对大师的作品，绝对不要放在一边，而要仔细研究，使其在内心扎根，一有机会就要加以引用。你要从它们的全部范围和整个环境入手，把充分地理解这些作品当成你的工作。对原作者的原则你应当充分地了解并使其连贯，然后你自己去推断并得出你的结论。

第一流的注释者就是这么做的，你在达到同样的程度之前不要让自己歇息。不能因为那些借来的光亮，就让自己有所满足，除非是自己没有成功或是身陷黑暗，否则也不能让别人的见解来影响自己。别人的解释并不是你的，会从你身上溜走。相反，你自己的观察才是你自己头脑的产物，才能够留住。在所有交谈、商议和争论的场合，它们都会在你身边做好准备。除了不能征服的困难以外，所以你不要在读书的时候停下来，失去从中体验到的快乐。而如果真的遇到难以克服的困难时，那么评论员和注释者也会停顿下来，无话可说了。

那些在其他领域显得学识丰富的注释者们，喜欢在原文平易简单的段落卖弄学问，华而不实，在没有必要的地方，不吝言词，不惧劳苦，这么做其实是徒劳的。你要是让自己完全按照这种方式去进行你的研究，那么除了人的懒散就没有别的可说了。

懒惰鼓励迂腐的人去死记硬背，而不是充实他们的书库，并把优秀的作家埋没在大堆的注释和评论下面，由此你会意识到，懒惰在这里是和自己作对，也违背了自己的利益，以前人们竭力避免读书之苦，现在却要多读多问，多劳苦了。

下面这段话虽然看起来好像只是直接与学者有关，但对准确地调整他们的教育和研究非常重要，所以我希望大家不会责怪我把它安插在这里，尤其是如果考虑到，它或许对绅士们也有用处的话。如果他们想要在任何时间对任何一种学问进行更深入的研究，而不是停留在表面，使自己具备一种坚实的、满意的以及出色的见解，这些话也是有用的。

据说次序和坚定不移是使人与人之间产生重大区别的原因，对此我是确信不疑的。没有什么比良好的方法更能为学者扫清道路，帮助他前进，使他在做任何调查时，都能如此容易、如此深入。他的教师应该努力让他认识到这一点，使他习惯于遵守次序，应该在他运用思想的时候教授他方法，向他表明这个方法在哪里，它的优点是什么，让他了解各种方法，既有从一般到特殊的方法，也有从特殊到综合普遍的方法，要让他在这两种办法上都得到练习，使他懂得根据情况采用各自不同的最适合的方法，为要达到的目的提供最好的服务。

在历史方面，时间的次序应居于主导地位，在哲学研究上，居于主导地位的应是自然的次序。在一切进展当中，自然的次序是从当时所在的地方向紧邻的结合处推进，在心理方面也是一样，应从心理已经拥有的知识入手，再到与它相邻的知识，这样连贯下去，使其从事物最简单、最单纯的可以分解的部分出发，去达到它的目的。对这个目的而言，如果能使学生习惯于对内心能找出任何真实区别的地方很好地辨别，具有清晰的观念，那对他是很有用处的。不过，在他还没有具备清晰的观念或另外的清楚明白的想法之前，他应该小心地避免从术语上去进行区分。

书本之外孩子要掌握的一些技能

196. 除了从学习和书本中有所收获外，对一个绅士来说还有其他的成就是必需的，需要通过练习去获得，而且还要有时间的允许，有教师去教。

舞蹈能让一个人终生具有优雅的举止以及超越万物的刚毅，还能让年幼的孩子变得自信。我觉得孩子一旦到了一个年龄，力量也能胜任的时候，就可以学习舞蹈了，不过不能开始得太早。你一定要确保有个优秀的教师，他知道什么是优雅的以及要怎样变得优雅，知道怎样使身体的一切动作自在从容，并且能教别人去做。凡是不能把这些教给别人的人，不如根本就没有的好。天生的不入时要比做作的姿态好很多。

我觉得一个人的脱帽和弯腿致敬，与其学一个并不优雅的舞蹈教师，倒不如像一个老实的乡村绅士那样。至于舞蹈的晃动部分以及体态，我认为没有多少关系，或者说是无关紧要的，我所关注的只是舞蹈那趋于完美的优雅姿态。

197. 音乐被认为与舞蹈有密切的关系，一个对某些乐器玩得好的人，会被很多人非常看重。不过一个年轻人为了在音乐方面学到一点普通的技能，浪费了大量的时间，并经常和一些古怪的伙伴混在一起，很多人就觉得这种朋友还是不要的好。在那些有才学的事务不断的人们当中，我很少听说有人因为在音乐上具有才能而得到别人的赞扬或尊敬，所以我认为，在那些所有成就的排名表中，音乐应该是放在最后的位置的。

生命短暂，不会让我们在所有的事物上都有所成就，我们的思想也不能总是专注在要学的事物上。我们身心构造上的弱点要求我们应当经常松弛，一个能够很好地利用生活中任何部分的人，一定要把大量的时间用于娱乐。至少，不能拒绝让年轻人去享受娱乐，除非你要匆匆地让他们变老，悲哀地把他们送进坟墓，或是超出你的希望，及早让他们拥有第二个童年。所以，我认为，他们的时间和辛劳应分摊在严肃的、能改善自身的事务上，他们应该去做那些最有用、最能产生成果的事，并采用任何认为能够获得的最容易、最简略的方法。或许，就像我在前面所说的，把身体和精神上的训练互相变成一种娱乐，至少也能说是教育的奥秘。

我毫不怀疑，一个很能仔细考虑学生的性情和爱好的慎重稳健的人，对这点是不难做到的。因为一个人疲倦了，不管是因为学习还是跳舞，他并不想要马上就睡，而是想做点别的事，可以转移注意力，让自己高兴。但一定要永远记住的是，凡是做起来没有觉得高兴的事，就不能认为是娱乐。

198. 击剑与骑马被看做是教养必要的组成部分，要是遗漏了的话，会被认为是一个重大的疏忽。骑马大多只能在大的城镇里才能学习，在那些舒适和豪华的城市里，这是一项对健康最有好处的运动。对一个年轻绅士来说，当他住在城里时，是适于骑马的。而且，通过练习骑马还能让一个人在马背上显得坚定和优雅，使他能教马停下来、快速转弯以及卧倒，这些对一个绅士来说，在和平时和战争时都是有用的。

不过骑马到底是不是重要到足以当成一项工作，值得他除了为保持健康而去从事一些这样的剧烈运动，在运动的间隔之外，还要花更多的时间，这个问题我还是留给父母们和教师们自行决定。他们最好能够记住，在教育的各个部分当中，绝大部分的时间和努力都应该用在年轻人已被安排好的平常生活中那些最有成效、最常见的事务上。

199. 至于击剑，对我来说似乎是一项有益于健康的很好的运动，不过对生命是有危险的。对自己的击剑技能有自信的人很容易与那些认为自己已经学会用剑的人发生口角。这种自以为是使他们在为了面子问题以及被忽视或是没人激怒他们的时候，经常暴躁得过度。年轻人热血沸腾，他们觉得要是不在决斗中显示一下自己的技能和勇气，剑术就学得没什么用了。看来他们似乎也有自己的道理。但是这种理由却不知引发了多少令人伤心的悲剧，许多母亲的眼泪都可以见证，而一个不会击剑的人会更加小心地避免和恶霸以及赌徒为伍。他既不会那么容易地在细节问题上停滞不前，也不会公开侮辱他人，或是冒犯后又激烈地进行辩护，这些通常都会引起争吵。而且，当一个人到了决斗场上，那一点剑术上的普通技能，与其说是保护自己远离伤害，不如说是将自己暴露在敌人的刀剑之下。

确实，一个勇敢但完全不会击剑的人，定会用尽全力一次刺杀过去而不会躲闪，在一个平庸的击剑家面前，他会有胜算。特别是如果他在搏斗中有技巧，就更是如此。所以，如果有任何预先采取的措施可以预防这种意外，或一个人准备让他的孩子参加决斗，我就宁可希望我的孩子成为一个良好的搏斗者，而不是成为一个普通的击剑家。

一个绅士最多也只能成为一个普通的击剑家，除非他经常到击剑学校去，并且每天练习。不过，既然击剑和骑马被如此普遍地认为是一个绅士的教养的必要条件，那么要让绅士阶层中任何一个成员完全抛弃这种特质的痕迹的确会有困难。所以我会把这个问题留给做父亲的人去考虑，看看从孩子的性情以及想要获得的身份来说，是不是要允许或鼓励他去遵从这种风气。

这种风气对一般市民的生活影响很小，就是最好战的民族，以前也不知道这些。看来接受这种风气的人也增加不了多少力量或勇气，除非我们认为，通过决斗时出剑的招数可以提高人们的军事技能或勇猛的精神，不过我觉得决斗将来在世上终会不复存在的。

200. 以上这些就是目前我关于学习和成就的想法。所有的重要任务就是培养德行和智慧："有智慧在，有神性在"。

你应教导他，让他控制自己的爱好，让爱好能服从理智。当这点做到了，并通过经常练习养成习惯，那么这项任务最困难的部分就完成了。要让一个年轻人做到这一点，我觉得除了对表扬和嘉奖的热爱，没有什么能比这更有贡献了，所以要用尽一切能想到的办法，把这种观念灌输给他。你要尽量让他的内心感到荣誉和羞愧，当你做到了这一点，就等于给他的心里定了一个原则，当你不在他身边的时候也能影响他的行为，其作用不是那点小聪明如棍棒的畏惧所能比拟的，那才是合适的枝干，以后可以在上面接上道德与宗教的真正原则。

让孩子学一门技艺的必要性

201. 我还有件事要补充，不过只要一提起，就会有一系列被怀疑的危险，怀疑我忘了自己要说的是什么，忘记了以前写下的关于教育的问题全是围绕着一个绅士的，跟技艺是完全相抵触的。然而我不能不说，我希望他学习一门技艺，一门手工的技艺，不止是一种，而且是学习两三种，但特别注重其中一种。

第三部分

202. 对于孩子这种忙忙碌碌的爱好应经常加以指导，使他们去做一些对自己有用的事。关于他们这样做的好处，仔细考虑后可以认为有两个：其一是，通过练习获得的技巧自身就是值得拥有的。这种技巧不仅存在于语言以及所学的各门科学当中，也存在于绘画、车工工艺、园艺、淬火和熨烫等行业，所有这些有用的技艺都是值得拥有的。第二，无需任何考虑，这样做对孩子的健康也是必要的或有益的。

有些知识是孩子在年幼时必须知道的，尽管那些活动对他们的健康没有任何贡献，但他们还是要拨出一些时间放在那些事上，以求得进步。例如读书、写字以及其他各种培植心灵的需要久坐的学习，就是一个绅士从婴儿时期就不可避免地要花费其大部分时间去做的。至于其他的手工技艺，则是通过劳动和练习来获得的，其中许多劳动不但能通过练习提高我们的灵巧和技能，也有助于我们的健康，特别是那些需要我们在户外去进行的事更是如此。所以，在这些事情上，健康与进步可以合在一起，那些以书本和学习为主要工作的人，应选择一些合适的技艺作为消遣。

在这种选择当中，要考虑一个人的年龄和爱好，而且要避免带给他强制和约束。因为命令和强迫通常只会造成他的厌恶，但对此却根本不能医治。对于强迫的事，无论是谁，一有机会他就会脱离，因为就算是做了也没有多大益处，更没有多少娱乐。

203. 在一切具有各种技艺的人中，如果不是对绘画有一两种不容易回答的争论或反对意见的话，或许我会最喜欢画家。

第一，画得不好的绘画是世界上最糟糕的东西之一，要在绘画技能上达到说得过去的程度，又会过多地耗费一个人的时间。如果他天生对绘画有爱好，那么就会危及到他忽视其他一切更加有用的学问。如果他对绘画没有爱好，那么为此所花的一切时间、辛苦和金钱就会被白白地扔掉。

我不赞成一位绅士绘画的另一个理由是：因为绘画是一种长期伏案的消遣方式，精神上的耗费要超过身体的耗费。在我看来，一个绅士须更为重视的活动是学习，当需要放松和提神的时候，就应该让身体做一些运动，让精神松弛，以确保健康和体力。因为这两个理由，所以我不赞成绘画。

204. 其次，出于对一个乡村绅士的考虑，我建议学习下面这两种技艺之一，或是两种都学：一种是园艺或一般的农艺，另一种是木工活，像木匠、工匠或车床工，这些工作对一个学习或做事的人来说是一种合适而又健康的消遣。因为人的精神不能持续不断地忍受同一件事或同一种方式，久坐不动或勤奋好学的人，应当做一些运动，可以同时转移他们的注意力和活动身体。

对一个乡村绅士来说，我确信没有什么能比这两种活动更好的了，其中木工可以在天气或季节不合适、不能从事园艺活动时，也能为他提供运动的机会。此外，通过学习园艺技能，他就能够管理并指导他的园丁；学会了木工，就能设计并制造很多有趣又有用的东西。尽管我并不把这些当成他劳动的主要目的，而只是作为一种引诱他去劳动的诱惑物。我的主要目的是：通过有益的健康的体力锻炼，让他从其他更重要的思想和工作中得到消遣。

体力劳动也是教育的重要环节

205. 古代的伟人们很懂得怎样利用体力劳动来调节对国家大事的操劳，并认为把体力劳动当成处理国家大事之后的消遣，并不会减少他们的尊严。他们在空闲时间最常用的消遣方式似乎是务农。

犹太人中的基甸[①]是在打谷时被人请出来的，罗马人中的辛辛纳图斯[②]则是在耕地时被人喊出来，去指挥他们国家的军队，攻打他们的敌人。很明显，虽然他们能灵巧地使用连枷或犁耙，算得上是使用这些工具的优秀的劳动者，可这并不妨碍他们在战事上的技能，也不会让他们在作战和管理上的能力有所减少。他们既是伟大的领袖和政治家，又是一介农夫。老加图[③]在共和政府担任过所有的高官，具有伟大的声誉，他就亲手给我们留下了证据，告诉我们，他对乡村的事务是如何精通。

---

① 基甸：《旧约全书》中以色列人的士师和救星。他率领部族攻击游牧部族米甸人。名字的意思是："伐树者"、"大能的勇士"、"毁坏者"。

② 辛辛纳图斯：古罗马政治家，曾任古罗马执政官，其事迹带有神秘色彩，是传说中的圣人——品德和意志的化身。

③ 老加图：罗马共和国时期的政治家、国务活动家、演说家，前195年的执政官。著有《创始记》、《农业志》，后者是一本论述奴隶制大庄园经济的著作，是加图最受赞誉的作品。

我还记得，居鲁士[1]也认为园艺并不会降低王位的尊严和高贵，所以他曾把自己亲手种植的一大片果林指给色诺芬[2]看。如果有必要通过举例的办法来推荐一些有益的消遣方式，在古代的记录里，在犹太人和外邦人那里有着详尽丰富的事例。

---

① 居鲁士：古代波斯帝国的缔造者，是波斯皇帝。他以伊朗西南部的一个小首领起家，经过一系列的胜利，打败了3个帝国，建立了从印度到地中海的大帝国。今天，伊朗人将居鲁士尊称为“国父”。

② 色诺芬：古希腊历史学家、作家。雅典人。苏格拉底的弟子。

娱乐消遣不等于无所事事

206. 当我把以上这些事或相似的手工艺术练习叫做娱乐或消遣时，不要以为我弄错了：因为消遣并不是混时间（每个人都可以观察到），消遣只是换了种工作，让身体疲倦的部分放松一下。一个认为消遣不是艰难和费力的劳动的人，他就是忘记了猎人的早起、骑马、酷热、寒冷和饥饿，然而打猎却被认为是有着重要身份的人经常进行的娱乐。挖掘、种植、接木以及类似的有益的活动，只要能给人们带来愉悦，也能不次于任何流行的无意义的活动的娱乐。一个人对一门手艺已经习惯并掌握了它的技能，就会很快地让任何人都来做。

我毫不怀疑有些人因为不能拒绝，而经常去玩牌或是做别的游戏，这些娱乐活动，相对于生活中任何最庄重的活动而言，会更让人觉得厌倦，尽管在他们的天性里对那种游戏并不厌恶，有的时候也会愿意玩玩，作为自己的消遣。

207. 游戏是耗费有身份的人尤其是女士们大量时间的事。在我看来这就是一个明显的例子，表明人类并不能够完全地无所事事，他们必须要找点事做，否则他们怎么能够一连坐上很长时间，竟然辛苦地去从事那些做起来烦恼通常要多过快乐的事情呢？这是毫无疑问的。当赌博结束后，那些人再去考虑，发现赌博不会带来满足，也不会对身体或精神有益。至于他们的财产，如果关心的程度过深，那么，赌博就成了一种生意，而不是一项娱乐了。毕竟很少有人是通过赌博来发家的，就算是一个赌徒因此兴旺了，充其量也不过是做了一桩可怜的交易，他以名誉为代价，填充了自己的口袋。

娱乐不属于那些对工作一无所知的人，也不属于那些没有在工作中感到疲惫不堪的人。技巧在于，在安排娱乐时间时，应该让已经锻炼并感到疲倦的部分得到放松和振作，还应做一些不仅能获得眼下的快乐和自在，还能给以后带来益处的事情。只不过由于想要表达自己的伟大以及富裕的虚荣和骄傲，才导致了无益的和危险的（正如他们所称呼的）消遣成为时尚，并说服人们相信，对一个绅士来说，学习或是参与任何有益的事情并不是一项合适的消遣。这就是打牌、聚赌以及酗酒在世上如此流行的原因。许多人把他们的空闲时间花在这些事上，就是因为流行的习俗以及缺少一些更好的活动来填充他们的空闲时间，而不是觉得他们会从中发现什么真正的快乐。他们无法承受闲暇时间带来的重负，也忍受不了什么事都不做导致的不自在，他们也从来没有学过任何值得赞美的手艺让自己得到消遣，就只有诉诸那些愚蠢的或不良的方式去消磨时光。一个有理性的人，在还没有被习俗弄得堕落之前，从这些活动中是发现不了什么乐趣的。

208. 我这样说的意思并不意味着，我绝不让一个年轻绅士去迎合那些在他同龄以及同身份的人中流行的单纯的消遣。我绝不想让他成为朴素严峻闷闷不乐的人，而宁愿说服他对那些所有跟他交往的人的各种花哨和娱乐，能表现出平常的彬彬有礼，对于人们希望他去做的事，只要可以与一个绅士和一个诚实的人的身份相称，他就都不要反对或为此暴躁。尽管对于打牌和玩骰子赌博，我觉得最安全、最合适的办法就是根本不让他去学着玩儿，让那些危险的引诱无所作为，也不会挥霍有用的时间。然而对于闲散的愉快的交谈以及一切流行的适宜的消遣，都是可以允许的。

我估计，一个年轻人在正经的和主要的工作之余，他还是会有足够的时间去学习几乎所有的手艺。人们之所以不能熟练地掌握一种以上的手艺，原因是缺少勤奋，而不是没有空闲时间。一个人只要每天在这种消遣方式上花上一小时，并坚持下去，就会在短时间内获得远超他想象的重大的进步。这种办法即使没有别的好处，只能把常见的、恶劣的、无用的以及危险的消遣消除在时尚之外，以表明它们并不是必需的，那也是值得鼓励的。如果人们从年轻时起就能逐渐戒除那种闲荡的恶习，不因顺从习俗而让生命中有益的部分白白溜走，既不做工作，也没有娱乐，那么，他们就有足够的时间从数以百计的事物中获得熟练和技巧，那些技艺尽管与他们本来的职业相距甚远，但也绝对不会对其产生妨碍。所以，由于这个理由以及前面提到的其他理由，我觉得懒惰、无精打采、懒散地靠做梦打发日子的脾性是最不能迁就纵容，最不能容许在年轻人身上存在的。从严格意义上来说，这是某种疾病以及健康出现紊乱的状况，无论是什么年龄和身份的人，对这种病症都不能忍受。

209. 除了上面提到的这些手工艺，还可以加上薰香、油漆、雕刻以及一些和铁、铜、银器的制作有关的工作。如果碰巧和大多数年轻绅士一样，他的相当一部分时间是在大城镇度过的，他还可以学习切割、抛光、镶嵌宝石或是自己研究研磨和抛光光学玻璃。在这很多各种各样精巧的手工艺术当中，他不可能找不出一种让他满意和高兴的，除非他是懈怠或是堕落了，这在一种正确的教育方式之下是不应该有的。既然他不能总是一直地学习、读书和会话，所以除了运动要花的时间，他还会有很多时间，如果他不以这种方式去消耗，就会用较坏的方法去度过。因为我可以下结论说，一个年轻人很少会希望完全静静地坐着不动，无所事事，如果他这么做了，那就是一种应当给予纠正的错误。

学学记账有好处

210. 但是，如果他的父母误解了，被工匠和手艺两个不光彩的名字吓住了，对孩子所做的这类当中的任何事都产生了厌恶，那么，还有一件跟手艺有关的事，当他们考虑后，就会觉得他们的孩子是绝对有必要去学习的。

虽然商业记账是一门不可能帮助一位绅士去获得财富的科学，但对保持他已有的财产而言，在用途和功效上，则没有什么能比得上。人们很少能看到，一个人对他的收入和开销坚持记账，能够及时检查家庭财务状况的人，会把家庭推向破产。

我相信，很多人是因为没有注意到或是缺乏去做这件事的技能，在自己意识到之前就欠了债，或者曾经欠债之后又进一步欠。所以我建议所有的绅士们都要完全学会商业记账，不要因为它的名字来自商界，使用的人也主要从事贩卖，就认为那不是属于他们的技能。

211. 当我的小主人一旦掌握了记账的技能（与其说是算术，不如说这是一项理智的工作），或许他的父亲就应适时地要求他从此以后要记下所有跟他有关的事。

我并不是要他把花钱购买的每一品脱酒或花钱所做的每项娱乐活动全都记下，只要有了这种事所花费的一般名称就够了。我也不想要他的父亲对这些账目看得如此仔细，从中寻找批评他花费的机会。做父亲的要记得，他自己也曾是个年轻人，对于那个时候的想法他不能忘记，并且他的孩子也有产生同样想法的权利，对此也不要忘记，而要默许它们的存在。

所以，如果我要让一个年轻绅士去记账，根本就不是为了要检查他的花费（因为对于父亲容许的事，他应完全自己做主），而仅仅是为了让他早点养成这么做的习惯，让他对账目能够及时熟悉并习以为常，这种工作是有用的，也是必要的，所以在他的整个一生中都要不断地练习。

有一位威尼斯的贵族，其子沉迷于父亲大量的财富中，当他发现孩子的花费增长非常之高而且奢侈浪费时，就命令他的账房，当孩子来拿钱时，要点数，给他的钱数不能多过他所点的数目。

人们会觉得这么做对一个年轻绅士的花费来说并没有造成重大的约束，因为他说出要多少钱，就能随意地得到多少钱。不过，这对于一个只知寻欢作乐的人来说，就是一个很大的麻烦，最后就要以这个清醒的和有利的思考而结束：仅仅是让我数一数要花的钱都会让我觉得如此痛苦，而我的祖先不但要数钱，还要去赚钱，他们该是怎样的疲惫和劳苦呢？这种理性的想法是在他遭受了一点小的辛劳之后所想起的，并如此有效地在他的内心当中产生了效果，让他开始上进。从那时起他就成了一个节省的人。对此，至少每个人都必须承认，要让一个人保持开销有度，就要定期记下账目，以留意自己的财务状况。

外出旅行在教育当中的意义

212.教育的最后一个部分通常是旅行。一般认为，旅行之后，教育这项工作也就完成了，培养绅士的任务也随之结束。

我承认，到国外旅游具有很大的益处，不过，我认为通常选择派遣年轻人到国外的时间，很少能让他们获得那种益处。那些关于旅行的建议主要可以简化成两类：第一是语言，其次是通过观察、与之交谈以了解他们的性情、习惯以及生活方式彼此不同的人们，特别是那些和自己所在的教区及邻里有差异的人，以增进智慧和远见。但是人们通常安排年轻人旅行的时间是从16岁到20岁之间，这个时候在他们的整个人生当中最不适合获得这种长进。我认为要学得外语和形成语言到正确地发音，第一个时机应当是从7岁到14岁或16岁，那时有教师跟着他们是有用的和必要的，因为教师可以用那些语言向他们传授别的事物。但是当他们以为自己已经长大成人，不用再被他人所支配，然而他们的谨慎经验又不足以管理自己时，让他们在一个管理者的带领之下，远离父母的视线，这不是相当于在他们的防护和警惕最弱的时候，把他们暴露在整个人生中一切最大的危险面前吗？

在生命中那个炽热喧闹的时候到来之前，我们可以指望教师有一些权威；他们在十五六岁以前，既不是倔强的年纪，同时别人的引诱或榜样也不会使他们脱离教师的指导；但是在这之后，他就开始为自己具有勇敢的不道德行为感到欣赏和自豪了，并认为再受任何长时间的控制和他人的指导是一种耻辱。到了那时，监管者既没有力量去强迫学生，他

的学生也没有被说服的意向，而与此相反，他受热血的指点和时尚的流行，听从那些和他自己一样聪明的同伴的引诱，而不是教师的劝告，他现在把教师看成了他自由的一个仇敌，那么即使他的教师是个极其小心和谨慎的管理者，又能有什么指望呢？一个人会在什么时候，会像他同时所处的这种既粗暴，又不守规矩的时期更容易误入歧途呢？这个时期是他整个人生当中最需要由他的父母以及朋友的眼睛和权威去管理的。

一个人处在这个年龄之前时，很有柔韧性，还没有变得固执任性，更容易控制，也更安全，在这个时期之后，理性和远见就开始一点点出现，让人留心自身的安全和进步了。所以我认为，一个年轻绅士被派到国外的最佳时期是在年纪较轻，能更好地处在教师管教之下的时候；或是再过几年，稍大一些，不需要管教者的时候。那时他已经到了可以管束自己的年龄，在其他国家发现了值得他注意的事物，会留心观察，在他回国以后，这些或许会对他有益处。并且在那时，他已经深入了解了本国的法律、风气以及固有道德的优缺点，他就有了一定意义的事物，可以和那些国外的人进行交流，从与他们的谈话中获得他所希望获得的任何知识。

213.（缺少）

214.许多年轻绅士从国外回来后并没有因此获得多少进步，我认为原因就在于没有按照上面的办法去安排旅行。如果说他们带回了所看到的风土人情的知识，也常常只是羡慕他们在国外所看到的最糟糕、最无价值的实践而已。能让他们保持一种兴趣和回忆的只是初次自由后得到的事物，而不是在他们返回后能让他们变得更好更聪明的东西。

实际上，在这个年龄到国外去，他们还要处在别人的照顾之下，让别人为他们提供生活必需品，并替他们去观察，除此之外，还能有什么别的吗？他们在管理者的庇护和借口之下，认为自己可以免除任何责任或是对自己的行为作出解释，极少通过亲身对事物进行调查或有用的观察来让自己烦恼。他们的思想所追求的是娱乐和满足，认为这是一种减少被约束的表示。他们极少麻烦自己，去对所遇到的人们的谋划加以考查，对他们的谈吐进行观察，对手段、性情以及爱好进行思考，对着他们自己时该怎样表现。在这里，和他们一起旅行的人也要给他们以庇护，当他们踏入荆棘丛时，要帮他们脱离，对于他们的一切不完善之处，也要负起责任。

215.我承认，了解人是一个重大的技巧，不能指望一个年轻人很快地完全掌握这种技巧。然而，如果在国外旅行有时不能开阔他的眼界，不能让他小心谨慎，不能使他习惯于注意超越外部的东西，也不能使他在文明礼貌的举止的温和保卫下，不受拘束地安安全全地和形形色色的陌生人交往，而又不致失去他们的好感，那么，这种出国旅行就没什么意义了。一个人到了被派遣出去旅行的年龄，而且具有成人的思想，并计划让自己有所进步，那么不管他到了哪里，都可与那里有身份的人进行交谈，彼此了解。

虽然这是一个绅士能从旅行当中得到的最大益处，然而我还要问，像我们这种在教师带领下到国外去的年轻人，一百个人里面又有几个拜访过任何上流人士呢？更不用说和这样的人熟悉，从和他们的谈话中去获悉那个国家的良好教养，看其中有什么值得注意的事。从这样的人那里，一个人在一天当中可以学到的，要比他从一个旅店闲荡到另一个旅店一年所能学到的还要多。

实际上，这也没什么不可思议的。德高望重的人是不会轻易承认和还需要教师照料的孩子熟悉的，然而一个看起来很有成人风度的年轻绅士和外乡人，很希望让自己了解当地的习惯、礼仪、法律以及统治方式，通过这些他就可以随处从那些最出色、最博学的人那里获得令人愉悦的帮助和款待，对于一个朴实好奇的外国人，他们也会乐意接待、鼓励并赞同。

216.这种道理无论怎样真实，但习俗却要他们在人生最糟糕的阶段去旅行，而理由却并不是出于为了他们的进步。我担心，要想改变这种习俗是很难的。年轻的小伙子不能在8岁或10岁的时候冒险去国外，因为担心在幼弱的孩子身上可能会发生什么，尽管那时的危险实际上比16岁或18岁的时候要小上10倍。他也不能留在国内，直到那个危险、任性的年纪过去，因为他一定要在21岁的时候回国，结婚生子。做父亲的为了遗产不能再等更长的时间，做母亲的也想再要一些小婴儿来玩乐，所以我的小主人不管怎样，只要到了年龄，就一定要找个妻子。如果为了他的体力、才能或是后代着想，他要延期一段时间，搁置之后再开始，这也没有损害。在年龄与学识方面，他要在孩子前面一点，因为孩子经常会发现他们和父亲的距离过近，这让父子双方都不是很舒服。但是年轻绅士一旦进入了婚姻生活，时间就都要留给他的夫人了。

结束语

217.关于教育我所表明的明确的意见，现在要宣告结束了，不过我不愿意让大家认为我只是将其看成一篇关于这个话题的论文。关于教育还有上千种其他的事情要考虑，尤其是当你在孩子身上发现各种性情、不同的爱好以及特有的疏忽，要采用恰当的解决办法时，更是如此。种类是如此的庞大，需要一卷书才能写完，或许一卷也还不够。

每个人的思想都有一定的特殊性，就像他的面容一样，能够把他和所有其他人区别开来，所以我们也许几乎不能找到两个能用完全相同的方法去指导的孩子。

此外，我认为一个王子、一个贵族，以及一个普通绅士的孩子，教养的方式应该也是不同的。但是我在这里所提到的只是和教育的主要结果以及目标有关的大致观点，那些是为一个绅士的孩子所计划的。那时孩子还非常小，我只把他看作是一张白纸或一块蜡，可以作为一种爱好来进行陶冶和塑造。我所涉及的几乎都是我认为的普遍来说对于年轻绅士的教养所必需的，我现在把我的这些偶然的想法发表出来，并带着某种希望，虽然在教育的话题上本文还远远算不上是一篇完整的论文，也不能让每个人都从中获得正好适合他的孩子的方法，但是它能给那些关心自己可爱的小宝贝的人一些小小的启示，使他们在教育孩子的问题上，格外有勇气，敢于冒险去顾及自己的理智，而不是完全依赖古老的习俗。

附录：约翰·洛克的经典教育格言

◎人们的言谈举止和做事能力之所以千差万别，教育所起的作用要远胜过其他任何事物。

◎当欲望得不到理智的认同时，我们要具有克制理智所不允许的欲望的能力。

◎对于孩子的任何惩罚，如果不能让他为做错了事而感到羞愧，而只是令他感到肉体上的痛苦，那是没有什么用处的。

◎应该把孩子当做理性动物来对待。

◎德行越高的人，也越容易获得其他的成就。

◎美德是精神上的宝藏，能让其焕发出光彩的就是良好的教养。

◎孩子是喜欢自由的，所以应该引导他们去做适合于他们的事，不要让他们觉得自己受了任何拘束。

◎孩子由于磕打和跌倒受了一点小伤害，不应当为此受到怜悯，而应让他们重新再来。

◎良好教养的作用或目的就在于使那些与我们交往的人感到放松和满意，此外没什么别的。

◎对知识的汲取应当从源头上开始，而不是间接地获取。

◎不能把读书当成他的一种工作，也不能让他把读书看成一项任务。

◎记忆的强度要归功于快乐的心理素质，而不是训练所引起的任何习惯性的改善。